EDUCA A TU INFANTE EN CASA CON EL MÉTODO MONTESSORI

Una guía práctica para los padres que buscan proporcionar un entorno hogareño estimulante para su hijo en edad preescolar.

SERENA ELLISON

Derechos de autor©2021

Reservados todos los derechos. Este libro está protegido por derechos de autor. No puede modificar, distribuir, vender, usar o parafrasear ninguna parte del contenido de este libro, excepto citas breves en reseñas críticas o artículos, sin el consentimiento del autor o editor.

Este libro no pretende ser un sustituto del consejo médico o psicológico. No se declaran ni implican garantías de ningún tipo. Los lectores reconocen que el autor no se dedica a brindar asesoramiento legal, financiero o profesional. Consulte a un profesional con licencia si necesita servicios de expertos en salud, financieros o legales.

v.: 1.116

Dedicado a Esther.

Contenido

Introducción 11

Cap. 1: cinco principios introductorios de Montessori 21

Cap. 2: ¿qué son los materiales Montessori? 35

Cap. 3: cómo presentar los materiales Montessori a los niños 43

Cap. 4: configura tu propia aula Montessori en casa 69

Cap. 5: un día típico de educación en el hogar Montessori 85

Cap. 6: actividades al aire libre 99

Cap. 7: entendiendo el rol de padres y maestros 109

Cap. 8: cómo manejar los conflictos y las rabietas 119

Cap. 9: la decisión de educar en casa al estilo Montessori 133

Conclusión 145

Introducción

"En los primeros años de vida tenemos un gran potencial y poderes que, si no se les da la oportunidad de desarrollar, se pierden".

— Dr. María Montessori

La educación de un niño comienza al nacer, no en la escuela. En el momento en que tu recién nacido abra los ojos por primera vez, un aluvión de estímulos entrará en sus pupilas. Esta entrada luego fluirá por su nervio óptico y entrará en la gran red de neuronas que se enrolla entre sus oídos. A partir de este momento, su mente comenzará a aprender. Pero su educación no consistirá meramente en el procesamiento del conocimiento fáctico. En cambio, su cerebro trabajará para categorizar, clasificar, comparar y codificar los estímulos sensoriales entrantes que generan las vívidas ilusiones de su experiencia consciente. Con base en esta información (especialmente si la recibe antes de los seis años), su mente construirá un modelo del mundo. Piezas de este modelo permanecerán con ella durante toda su vida. Los cimientos que construya en su juventud sostendrán el baluarte sobre el cual se levantará y enfrentará los desafíos de su vida futura. La integridad de esta estructura determinará sus probabilidades de victoria o derrota. Y su fortaleza psicológica dictará la estrategia con la que maneja las hondas y flechas de la vida. Por lo tanto, al crear un hogar para nuestros hijos, es crucial brindarles un entorno diseñado para estimular sus mentes absorbentes, de modo que la chispa de la creatividad pueda encenderse al máximo durante estos años tan críticos.

Al considerar una responsabilidad de esta magnitud, muchos padres asumen que no cuentan con los medios necesarios para enfrentar los rigores de la educación en el hogar. Entonces, simplemente eligen colocar a sus hijos en una guardería, preescolar o jardín de infantes local. La escuela primaria viene después. Y, para entonces, la tarea de criar a los niños se ha externalizado por completo.

Esto no siempre es algo malo. El panorama académico está salpicado de muchas escuelas excepcionales, cada una con profesores entusiastas que han dedicado su vida a la profesión docente. Sin embargo, aunque existen grandes escuelas, son raros faros de luz que luchan por mantenerse a flote entre las rocas del caos administrativo que es la "educación pública".

Dado que estás leyendo este libro, es probable que tu propia experiencia con la educación convencional no haya sido muy esclarecedora.

- ¿Recuerdas tu primer día de clases?
- ¿Puedes recordar la primera impresión que te causaron tus profesores?
- ¿Fue positivo?
- ¿Crees que la instrucción que recibiste fue beneficiosa para tus objetivos de vida?

Es posible que tus recuerdos de la academia sean buenos. Pero es posible que te preguntes si las cosas podrían haber sido "solo un poco mejores". ¿Qué más podrías haber logrado si tu educación temprana hubiera sido aumentada por un método más ilustrado?

Introducción al método Montessori

En 1949, la médica y educadora italiana Dra. María Montessori escribió:

> La grandeza de la personalidad humana comienza en la hora del nacimiento.

Hace más de un siglo, María Montessori reconoció la importancia del papel que desempeñaba la educación de la primera infancia en la preparación de las mentes jóvenes para la edad adulta. En su tiempo, se suponía que los niños pequeños eran incapaces de un aprendizaje significativo y autónomo en el entorno de un salón de clases. Esta creencia persiste hasta el día de hoy. Pero durante su trabajo con niños pobres en el distrito de bajos ingresos de San Lorenzo en Roma, la Dra. Montessori pudo incitar y observar muestras de comportamiento autodidacta en sus jóvenes estudiantes. Durante los siguientes años, la Dra. Montessori estudió gran parte de la literatura preexistente sobre educación infantil y trabajó con niños de todos los ámbitos de la vida, desde la progenie de los aristócratas hasta los pacientes con problemas mentales de los asilos de Roma. Fue durante este tiempo que sus teorías comenzarían a fusionarse en un modelo de trabajo. En las décadas siguientes, el mundo llegaría a conocer este modelo como *"El Método Montessori"*.

El trabajo de la Dra. Montessori rápidamente atrajo a un gran número de seguidores internacionales. Gran parte de la segunda mitad de su vida la pasó viajando por todo el mundo y dirigiendo seminarios de capacitación Montessori en las principales ciudades europeas, como París, Londres, Ámsterdam, Berlín y Barcelona. Incluso pasó varios meses dando conferencias en India y Pakistán.

Cuando visitó Estados Unidos por primera vez en 1913, su reputación la había precedido. El New York Tribune la llamó "La mujer más interesante de Europa".

En 1935, María Montessori se mudó a los Países Bajos. La *Asociación Montessori Internacional* (o AMI) tenía su sede en Ámsterdam y se abrieron más de 200 escuelas Montessori en el país. En los años siguientes, los Países Bajos se convertirían en su base de operaciones. Pero la Dra. Montessori continuó trabajando y viajando, impartiendo seminarios de capacitación sobre el *Método Montessori* con su hijo adulto Mario hasta su muerte el 6 de mayo de 1952, a la edad de 81 años.

La elegante visión del mundo que propagó ha demostrado su eficacia en el fomento de mentes jóvenes de alto rendimiento. Las observaciones y conceptos de la Dra. Montessori han sido validados por destacados científicos como el psicoanalista Sigmund Freud, el psicólogo del desarrollo Erik Erikson y el pedagogo Jean Piaget. Aproximadamente 20,000 escuelas Montessori ahora operan en 110 países alrededor del mundo.

Figura 1: Dra. María Montessori a los 43 años. El primer Curso Internacional de Capacitación Montessori se llevó a cabo en Roma en 1913.

¿Qué tiene de especial el Método Montessori?

Uno de los muchos talentos de la Dra. Montessori fue su habilidad única para leer a los niños. Podía distinguir entre los diversos modos por los cuales los niños adquieren conocimiento, y observó un deseo (que antes no se había percibido) en los niños de autoeducación y autorrealización. Una escuela Montessori se diferencia de una escuela convencional en que se enfoca en proporcionar un entorno en el que las mentes jóvenes y creativas puedan florecer sin el uso de un sistema de calificación convencional, exámenes o medidas punitivas estrictas. El Método Montessori promueve actividades que permiten la exploración personal, el movimiento y el desarrollo de curiosidades independientes. Los maestros están capacitados para fomentar comportamientos autodidactas, no seguir reglas. Y dado que la Dra. Montessori creía que los niños aprenden mejor cuando *todos* sus sentidos están involucrados, los niños en una escuela Montessori adoptan un "enfoque práctico" para el aprendizaje. Es a través de esta interacción táctil con los materiales de formación que se imparten las lecciones de la vida. Los maestros Montessori a menudo no "dirigen la clase en una lección", al menos no en un sentido convencional. En cambio, supervisan y dirigen el salón de clases mientras los niños trabajan para alcanzar sus metas individuales.

La utilidad de esta metodología llevó a la Dra. Montessori a abandonar el paradigma educativo tradicional del *palo* y la *zanahoria*. En cambio, su enfoque refrescante se basó en la euforia del descubrimiento para incitar la motivación intrínseca e inculcar en los niños la pasión por el aprendizaje y la autodisciplina.

Montessori + Educación en el hogar

Dados los eventos internacionales recientes, ha habido un resurgimiento del interés tanto en el *Movimiento de educación en el hogar* como en el *Método Montessori*. Los cambios en el tejido social han llevado a muchas familias jóvenes a replantearse la *Educación en casa* como una posible opción educativa para sus hijos. Aunque el fenómeno de la educación en el hogar ha estado creciendo durante décadas, el brote de coronavirus aceleró enormemente su expansión. La cantidad de niños que reciben educación en el hogar en Estados Unidos se ha duplicado desde el comienzo de la pandemia, pasando de 2,5 millones de niños en 2019 a 5 millones en 2021.

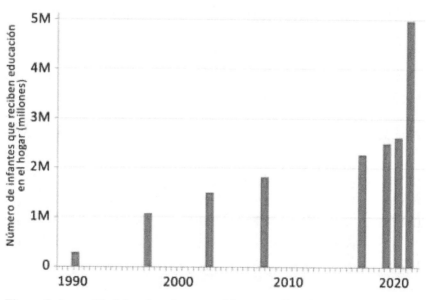

Figura 2: la cantidad de educadores en el hogar en Estados Unidos se duplicó poco después del brote de COVID-19. (Fuente: datos originales de Brian D. Ray "Datos de investigación sobre la educación en el hogar", 2021).

Si bien las razones para elegir asumir el desafío de la educación en el hogar varían enormemente, *cada* madre joven codicia un objetivo similar: quiere lo mejor para su hijo. Ella quiere que él crezca fuerte y saludable, en un ambiente seguro cargado de estimulación intelectual, sabiduría y amor.

Ya que estás leyendo este libro, probablemente estés en una búsqueda similar. Es probable que hayas oído hablar de Montessori (o hayas notado una escuela Montessori en tu vecindario) y te estés preguntando si el método es adecuado para ti. Además, es posible que estés considerando educar a tus hijos en el hogar, y puedes estar tratando de discernir si tiene el sentido común necesario para la educación adecuada de las mentes jóvenes.

La verdad es que *cada* nueva madre cuestiona sus propias habilidades de crianza. Es natural sentir aprensión por aceptar un desafío de este calibre. Pero consuélate con el hecho de que millones de madres Montessori han logrado criar con éxito a sus hijos mucho antes de que tú nacieras. Y la mayoría de ellas lograron la tarea con muchos *menos* recursos de los que tienes acceso hoy.

Tus instintos maternales te servirán bien. Cuando los ojos de tu bebé recién nacido parpadeen y se abran por primera vez, se apresurará a mirar tu rostro en busca de seguridad y amor. A partir de ese momento, toda madre debe convertirse en maestra. La educación de tu hijo se llevará a cabo dentro de las paredes de su hogar, ya sea que elijas convertirte en una "mamá que educa en el hogar" o no. Por lo tanto, te interesa familiarizarte con los fundamentos de la pedagogía infantil, especialmente durante los años más jóvenes y críticos de tu hijo.

En su libro de 1949 "La mente absorbente", la Dra. Montessori escribió:

> ...el período más importante de la vida no es la edad de los estudios universitarios, sino... el período desde el nacimiento hasta los seis años. Porque ese es el momento en que se está formando la inteligencia misma del hombre, su mayor implemento.

Los primeros seis años de la vida de su hijo son cruciales para su desarrollo. La información que reciba ahora dará forma a su personalidad y coloreará la forma en que percibe los desafíos futuros de la vida. El apoyo cariñoso que le brindes *hoy* se convertirá en su escudo *mañana*, manejado con valentía mientras camina hacia el mundo de la edad adulta.

Nuestros hijos crecen rápido. Sus mentes se adaptarán para soportar las impresiones de los estímulos que elijas para ellos. Así que elige sabiamente. Esfuérzate por hacer que el *primer* entorno de aprendizaje de tu hijo sea un buen entorno de aprendizaje. Esfuérzate por ser un buen maestro para tus hijos.

No tienes que ser perfecto para ser bueno.

Los niños anhelan tu mera presencia y tu fortaleza más de lo que requieren tu instrucción académica. El tiempo de calidad que intercambias con tus hijos en un paradigma de educación en el hogar estrecha los lazos de la maternidad. Los niños llegarán a confiar en estas conexiones más antiguas, especialmente durante esos momentos inevitables en los que ocurren las tragedias diarias de la vida. En días como este, el *corazón* de la madre debe convertirse en el *hogar* en el que sus hijos puedan confiar.

Tú eres en quien buscarán seguridad.

Tú eres en quien buscarán amor.

Es a ti en quien buscarán apoyo cuando salgan de tu abrazo y den los primeros pasos valientes y delicados que marcan el comienzo de la gran aventura de sus vidas.

Cap. 1: cinco principios introductorios de Montessori

> "Aunque este método lleva mi nombre, no es el resultado del esfuerzo de un gran pensador que haya desarrollado sus propias ideas. Mi método se basa en el niño mismo. Nuestro estudio tiene su origen en el niño. El método se ha logrado siguiendo al niño y su psicología".
>
> — Dr. María Montessori

El trabajo de la Dra. María Montessori es vasto, producido en varios países y durante varias décadas durante un período de aproximadamente 58 años. A través de generaciones, el Método Montessori se ha abierto camino en todo el mundo. Y, como cualquier fenómeno viral, ha generado muchas camarillas y sectas, algunas con metodologías bastante disyuntivas. Dado que la Dra. Montessori nunca registró su nombre, nunca ha existido una sola autoridad con el poder de regular legalmente el plan de estudios Montessori. En consecuencia, no hay dos escuelas Montessori necesariamente de acuerdo en cada parte de la pedagogía. Dicho esto, en este capítulo, hemos intentado combinar sus conceptos más fundamentales en cinco principios básicos.

Principio 1: "Las manos son las herramientas de la mente".

Una de las primeras cosas que notarás al ingresar a un salón de clases Montessori son los estantes de madera impecables adornados con atractivos materiales Montessori. En Montessori, cuando decimos "materiales" nos referimos a una variedad de herramientas educativas (a menudo hechas de madera, tela o papel) diseñadas para enseñar conceptos a los niños pequeños a través de la exploración y el descubrimiento táctiles.

Figura 3: un estante típico de un salón de clases Montessori consta de docenas de materiales Montessori cuidadosamente guardados.

Como escribió María Montessori:

> [El infante aprende] con las manos por experiencia... Primero en el juego y luego en el trabajo. Las manos son los instrumentos de la inteligencia del hombre.

El infante experimenta su entorno a través de sensaciones que ingresan a su cerebro y son procesadas por una mente que aún no es completamente consciente. A medida que el niño crece, descubre sus manos y comienza a aprender y explorar a través del tacto. Al hacerlo, sus manos se convierten en su principal instrumento de aprendizaje. Es a través de esta exploración temprana de su mundo que comenzará a construir una representación mental de su entorno y todos los objetos en él. Como señaló la Dra. Montessori:

> Lo que hace la mano, la mente recuerda...

Ella creía que el verdadero aprendizaje progresa de lo *concreto* a lo *abstracto* (no al revés). A medida que el niño manipula el mundo físico, su mente genera representaciones de variables como el *peso*, la *longitud*, el *tamaño* y el *volumen*. Así es como el niño comienza a desarrollar la intuición de conceptos cada vez más abstractos como la física, las matemáticas y el lenguaje.

Principio 2: "Ayúdame a hacerlo solo".

Al interactuar con niños pequeños, sin duda habrás notado que intentarán participar en cualquier actividad en la que estés involucrado.

- Quieren verte servir helado en tazones, pero también quieren probar la cuchara ellos mismos.
- Quieren verte deslizarte por el tobogán del patio de recreo, pero también quieren deslizarse por el tobogán ellos mismos.
- Quieren verte alimentar a los patos en el parque, pero también quieren ofrecerles pan a los patos.

Todos los niños parecen tener un impulso innato para explorar, aprender y crecer. Sus primeros deseos no son solo comida, sueño y afecto. También anhelan el *descubrimiento*. Ya sea consciente o inconscientemente, todo su ser parece estar orientado hacia el desarrollo personal y la acción autónoma. A menudo, los niños pequeños carecen de la destreza verbal o la confianza para afirmarse en nuevas empresas. Pero la próxima vez que estés pelando papas y veas a tu hijo mirándote con ojos suplicantes, tómate un momento para considerar lo que está pensando. Podría estar ansioso por capitalizar una nueva oportunidad de aprendizaje. Y podría estar buscándote para que le proporciones un lugar mediante el cual pueda intentar la tarea por sí mismo. O, como escribió la Dra. Montessori:

> Los niños nos revelan la necesidad más vital de su desarrollo [cuando dicen]: "¡Ayúdame a hacerlo solo!".

Principio 3: los "períodos sensibles" son una oportunidad para aprender

La Dra. Montessori notó que los niños pasan por etapas de desarrollo en las que parecen poseer una compulsión interna para participar en ciertas actividades. Ella llamó a tales ventanas de tiempo "**períodos sensibles**".

Es probable que ya hayas presenciado este comportamiento en tu hijo. A veces, puedes atraparlos absortos en una actividad en particular. Por ejemplo, él podría:

- Colocar una pelota en un ángulo inclinado, solo para verla rodar hacia él.
- O conectar los vagones de su tren de juguete en una serie para formar formas novedosas.
- O apilar bloques en varios arreglos, en un esfuerzo por encontrar una construcción que no se caiga.

Los niños más pequeños pueden insistir en presionar el botón para encender la lavadora para mamá. O girando la palanca para descargar el inodoro después de cada descanso para ir al baño.

¿Has notado lo que sucede cuando al niño *no* se le permite completar esta acción? Podría enojarse, ponerse quisquilloso o romper a llorar. Esto se debe a que, durante el período sensible del niño, la tarea en cuestión se convierte en *su razón de ser*. Es como si todo su mundo dependiera de dominar este conjunto de habilidades inmediatas, a menudo excluyendo otros objetivos.

Cuando detectes este fenómeno, trata de no interferir. Así como no interrumpirías a un compañero de trabajo ocupado que estaba "en la zona" en la oficina, tampoco deberías interrumpir a un niño pequeño que está igualmente ocupado. Ambos individuos han entrado (lo que llamaría el psicólogo húngaro-estadounidense Mihaly Csikszentmihalyi) en un estado de "flujo". Esto sucede cuando una persona que realiza una acción está totalmente inmersa en el proceso. Las personas comúnmente informan que están "en su mejor momento" durante esos raros momentos en los que su mente y cuerpo trabajan al unísono para completar una tarea.

Sin duda, la mente de un niño está al tanto de los mismos episodios de conciencia energizada. Por lo tanto, si notas que tu hijo trabaja diligentemente en una tarea, lo mejor que puedes hacer por él es asegurarte de que tenga todos los recursos que necesita para continuar con la actividad. Luego, da un paso atrás y observa. Porque es durante estos momentos cuando puedes observar el milagro del *verdadero* aprendizaje.

La Dra. Montessori identificó originalmente seis períodos sensibles. Investigadores posteriores notaron docenas más. Pero tales intentos de clasificación son, sin duda, muy variables entre los niños. Entonces, para simplificar, nos apegaremos al conjunto original y describiremos cada período ahora.

Período sensible 1: "Orden"
Durante este período, un niño desea consistencia y repetición. Por ejemplo, puede ser muy exigente con el procedimiento por el cual se acuesta. Cada acción debe ser coherente con los comportamientos que ha aprendido previamente. Y si una acción está fuera de sintonía, se pondrá muy ansioso.

Período sensible 2: "Lenguaje"
Los niños pueden desarrollar una habilidad especial para la expresión a través del lenguaje a diferentes edades. Pero una vez que

lo hacen, a menudo parece que no pueden dejar de hablar. Incluso si sus palabras aún no están desarrolladas, pueden recurrir al balbuceo para expresarse.

Período sensible 3: "Caminar"

El niño puede involucrarse continuamente en la búsqueda de movimiento incluso si no parece haber ninguna razón particular para hacerlo. También podría tratar de agarrar, mantener el equilibrio y gatear por la casa con entusiasmo.

Período sensible 4: "Socializar"

Conceptos como la *reciprocidad* y la *justicia* son importantes para los niños pequeños, quienes parecen poder reconocerlos a una edad muy temprana. Para los niños pequeños mayores, las gracias sociales (como la necesidad de decir "por favor" y "gracias") pueden volverse primordiales en las interacciones.

Período sensible 5: "Objetos pequeños"

Una fijación por los pequeños detalles y objetos más pequeños como canicas, calcomanías o insectos que se arrastran.

Período Sensible 6: "Exploración sensorial"

El niño sentirá curiosidad por la exploración a través de sus sentidos, particularmente cuando se trata del gusto y el tacto. Su atención puede estar dedicada a conocer la textura, el sonido, el peso y el olor de cada objeto en su entorno, e insistirá en interactuar con estos objetos a través del examen táctil.

La Dra. Montessori creía que la capacidad del niño para acumular conocimientos sobre el mundo se amplifica durante estos seis períodos sensibles. Si bien sus acciones pueden parecernos tontas, es durante estos tiempos que su cerebro se expande (literalmente). Se están realizando conexiones neuronales a medida que su mente ordena los objetos del mundo en su taxonomía personal, a la que hará referencia a lo largo de su vida.

Principio 4: "Sigue al infante"

Dada la identificación de períodos sensibles de María Montessori, quedó claro para ella que el aprendizaje infantil debe adaptarse a las necesidades de los estudiantes individuales. Como escribió la Dra. Montessori:

> **Nuestros métodos están orientados no a principios preestablecidos sino a las características propias de las distintas épocas.**

Los niños Montessori a menudo son libres de elegir con qué materiales quieren interactuar y qué tipo de trabajo les gustaría hacer ese día. Se les otorga la libertad de trabajar en un proyecto mientras puedan seguir siendo productivos. Esto es lo que hace que Montessori sea diferente de un paradigma escolar convencional, donde se aplica *tan estrictamente* el enfoque único para todos.

El trabajo independiente tiene la tendencia de inspirar autonomía personal y motivación intrínseca en el estudiante. En tal ambiente, los niños a menudo no necesitan ser empujados a la acción; no se requieren recompensas externas. En cambio, la recompensa por el esfuerzo del niño es la euforia del descubrimiento mismo. Y cada pequeña victoria debería proporcionar aún más combustible para este deseo innato.

Dado que las actividades académicas de cada niño siguen una curva de aprendizaje única, cada trayectoria pedagógica está determinada por el ritmo y los intereses individuales del niño. Por esta razón, los maestros Montessori están capacitados para "**seguir al infante**". Los maestros se deslizan por el salón de clases dirigiendo grupos pequeños o individuales de niños y dando lecciones cuando surge la necesidad. Los instructores a menudo se quedan al margen durante los períodos de trabajo, retrocediendo para permitir que el niño siga su propio viaje de exploración. Los profesores de una escuela Montessori actúan como facilitadores y guías; crean escenarios novedosos e introducen nuevas actividades a los niños, en lugar de simplemente incitarlos a completar un ejercicio predeterminado.

Las escuelas Montessori no adoptan planes de lecciones rígidos, donde los relojes hacen tictac y suenan las campanas cuando los niños tienen la tarea de realizar tareas planificadas previamente. En cambio, el método está orientado hacia el aprendizaje autodirigido, cuyo subproducto es la confianza en uno mismo y la autoestima. Este margen de maniobra es esencial para garantizar que el niño sea libre de emprender la tarea de convertirse en la persona que debe ser. Como escribió la Dra. Montessori:

El desarrollo del niño sigue un camino de sucesivas etapas de independencia, y nuestro conocimiento de esto debe guiarnos en nuestro comportamiento hacia él. Tenemos que ayudar al niño a actuar... y a pensar por sí mismo.

Principio 5: los niños prosperan en un "Ambiente Preparado"

Aunque la *autonomía* personal y el estudio *autodirigido* son conceptos centrales en la metodología Montessori, esto no implica que a los niños se les permita "correr libremente" en el aula. En cambio, la Dra. Montessori reconoció que se incita a una búsqueda disciplinada del conocimiento cuando el maestro proporciona un dominio ordenado que está adecuadamente situado para el aprendizaje. Ella llamó a este dominio el "**ambiente preparado**". Las aulas Montessori cuentan con materiales educativos atractivos (ordenadamente colocados encima de los estantes) que deben usarse de manera cortés, limpia y ordenada.

Figura 4: un salón de clases limpio y elegante con varios materiales Montessori ubicados en los estantes.

Construir su propio *entorno preparado* significa organizar el salón de clases de su hogar de manera que los materiales con los que el niño necesitará trabajar durante el día estén fácilmente accesibles, lo que le invitará a recuperarlos y explorarlos. Al organizar el aula de esta manera, esperamos que la *curiosidad* se convierta en el motivador del niño. La Dra. Montessori escribió:

> **El ambiente debe ser rico en motivos que presten interés a la actividad e inviten al niño a realizar sus propias experiencias.**

Idealmente, el área de trabajo contendrá muchos tipos de materiales Montessori claramente divididos. Por ejemplo, los materiales de lenguaje pueden mantenerse en una zona, mientras que los materiales de matemáticas están en otra. El orden del salón de clases debe ser lo suficientemente consistente como para que un niño pequeño pueda recordar y ubicar la posición de cualquier material dado según sea necesario. Como escribió la Dra. Montessori:

> **El orden consiste en reconocer el lugar de cada objeto en relación con su entorno y recordar dónde debe estar cada cosa... El entorno propio del alma es aquel en el que un individuo puede moverse con los ojos cerrados y encontrar... cualquier cosa que desee.**

En tal espacio, el niño aprende a confiar en la previsibilidad de los accesorios del salón de clases. Se siente confiado y seguro allí. Por la mañana, se acerca al salón de clases con vigor y sabe exactamente qué hacer y dónde ir para encontrar los recursos que necesitará para comenzar su jornada laboral.

Por supuesto, en un paradigma de educación en el hogar, es posible que no tenga el lujo de tener un salón de clases grande. Pero eso está bien. Porque tampoco tienes la tarea de enseñar a una docena de niños; las madres que educan en el hogar generalmente solo enseñan uno o dos. Por lo tanto, tu salón de clases no necesita ser enorme. Las mamás Montessori se enorgullecen de las muchas formas creativas que desarrollan para dividir y empacar sus pequeños útiles escolares en casa (hablaremos más sobre el proceso de *rotación de materiales* en capítulos futuros). Por ahora, solo comprende que el paradigma de la educación en el hogar Montessori a menudo implica el movimiento de materiales a contenedores de almacenamiento auxiliares durante los momentos en que no hay clases. Y dedicar sus rincones, esquinas y armarios al almacenamiento de diferentes dominios de materiales educativos según sea necesario.

Figura 5: en esta casa, un repertorio Montessori completo está contenido en ocho estantes divididos.

Resumiendo

En este capítulo, cubrimos varios conceptos Montessori que son fundamentales para la metodología. Tomemos un momento para revisar algunas de las ideas más importantes ahora.

1. Los primeros seis años de vida de un niño son formativos para su desarrollo personal y cognitivo.
2. Durante estos primeros años, se puede observar a los niños entrando en *períodos sensibles*, momentos en los que se quedan paralizados al dominar una habilidad particular o se sienten atraídos por un tipo particular de estímulos.
3. Una buena madre Montessori aprenderá a reconocer esos períodos sensibles. Y utilizará sus recursos para crear un *entorno preparado* en el que se puedan capitalizar estas ventanas de oportunidad.
4. El método Montessori fomenta una experiencia educativa "práctica", en la que los niños aprenden sobre conceptos abstractos a través de la manipulación de las ayudas educativas Montessori específicamente diseñadas llamadas "*materiales*".
5. Durante el tiempo de clase, se alienta a los infantes a participar en sesiones de estudio independientes (autodirigidas) en las que a veces son libres de elegir con qué material trabajar. Este enfoque permite a los niños realizar actividades que desbloqueen su potencial único e inciten las fuerzas de la motivación intrínseca, la autodisciplina y el autodidactismo.
6. Si bien se fomenta el estudio autodirigido, los niños pequeños necesitan estructura y supervisión de un adulto en sus vidas. Las escuelas convencionales se basan en horarios de clase suaves y pruebas estandarizadas para evaluar el

nivel actual de desarrollo de un estudiante. Pero, en un ambiente Montessori, los instructores están dirigidos a "seguir al niño". Se supervisan las habilidades de aprendizaje únicas de cada niño y el plan de estudios se adapta a sus necesidades personales.

Cap. 2: ¿qué son los materiales Montessori?

"Lo llamamos material para el desarrollo de los sentidos, pero el desarrollo de los sentidos es simplemente la consecuencia del impulso de hacer algo con las manos. Los niños también adquieren la capacidad de controlar sus movimientos con precisión, y esta habilidad los acerca a la madurez".

— Dr. María Montessori

La Dra. María Montessori comenzó a desarrollar sus propios materiales de capacitación poco después de comenzar a trabajar con niños pequeños. Y continuó refinando estos materiales a lo largo de su carrera, adaptándolos a las necesidades de su salón de clases y eliminando elementos que no eran fructíferos para producir resultados académicos. A menudo se dice que los materiales Montessori tienen tres atributos físicos. Deben ser:

1. **Atractivo**. Es decir, son estéticamente admirables, con bordes limpios y una exposición ordenada.
2. **Fascinante**. El material debe estar diseñado para captar la atención de un niño e incitarlo a explorar un concepto académico específico.

3. **Natural**. Los materiales Montessori se han construido tradicionalmente con materiales naturales (especialmente madera). Aunque en los últimos años, esta convención está disminuyendo.

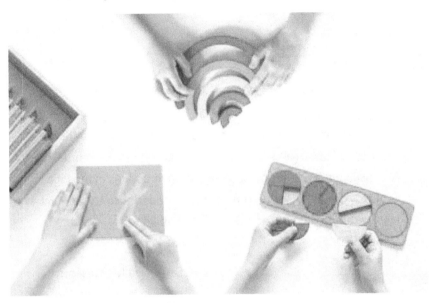

Figura 6: tres materiales Montessori.

A primera vista, puede ser difícil distinguir entre los materiales Montessori y los típicos juguetes preescolares. Y es cierto que sus funciones a menudo se superponen. Pero los materiales Montessori están diseñados con varios objetivos educativos clave en mente. Analicemos las cuatro propiedades más esenciales ahora.

Las cuatro propiedades educativas de los materiales Montessori

Existe una industria artesanal de miles de millones de dólares dedicada a la construcción de materiales, libros de actividades, muebles y juguetes inspirados en Montessori. Estos artículos varían enormemente en costo y complejidad. Algunos simplemente vienen en forma de un par de bloques de madera pintados. Mientras que otros pueden consistir en circuitos complejos diseñados para enseñar los principios de la electrónica básica a los niños mayores. Pero a pesar de su versatilidad, un material Montessori útil debe contener cuatro propiedades principales:

1. Aislamiento de conceptos.
2. Diversos grados de dificultad.
3. Apropiado para la edad.
4. Capaz de incitar el aprendizaje autónomo.

Resumamos ahora cada una de estas cuatro propiedades.

Propiedad 1: aislamiento de conceptos

Los materiales de capacitación Montessori deben construirse con la intención de introducir un concepto central. Por ejemplo, el material debe educar al niño sobre el *peso*, la *longitud*, el *volumen* o el *color*. Esto no significa que otras habilidades auxiliares (como la motricidad fina o la capacidad de lectura) no se desarrollen de forma concomitante. Pero, para evitar confusiones, el material debe dirigir los esfuerzos de aprendizaje del niño hacia el desarrollo de una habilidad principal.

Propiedad 2: diversos grados de dificultad

Los materiales Montessori deben transmitir información de una manera que fluya de lo *concreto* a lo *abstracto* (y de *fácil* a *desafiante*). La variedad de materiales en cada dominio debe guiar al niño, dirigiéndolo a comprender primero los conceptos más fáciles y progresando gradualmente hacia temas más complejos.

Propiedad 3: apropiado para la edad

Los materiales deben ser apropiados para la edad del niño y estar diseñados para ser efectivos en su nivel actual de capacidad cognitiva y destreza muscular.

Propiedad 4: capaz de incitar el aprendizaje autónomo

Idealmente, el material debería presentar un mecanismo de autocorrección. Por ejemplo, un rompecabezas de madera tiene un **"control de error"** incorporado porque solo hay una forma en que las piezas pueden encajar en sus posiciones respectivas. Este *control de error* incorporado significa que el niño puede saber si ha hecho algo mal sin la intervención de un adulto. Esta retroalimentación le permite al niño descubrir sus propios errores y lo impulsa a encontrar el camino correcto por sí mismo.

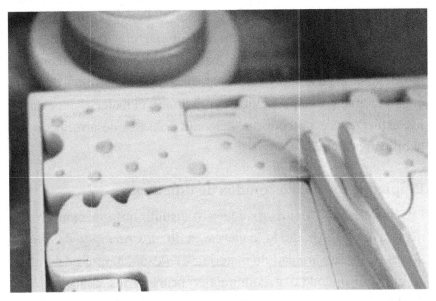

Figura 7: este rompecabezas se corrige solo porque no se puede completar a menos que el niño coloque las piezas de manera que encajen perfectamente.

Los cinco dominios de aprendizaje

Además de tener las cuatro propiedades descritas anteriormente, la habilidad que se transmitirá a través de la interacción del niño con un material Montessori debe ser de una clase distinta. Por supuesto, no todos los materiales Montessori se pueden encasillar tan fácilmente ya que no existe una taxonomía universal para la metodología. Pero para este libro, hemos elegido los siguientes cinco dominios educativos:

1. Vida práctica.
2. Sensoriales.
3. Idioma.
4. Matemáticas.
5. Ciencia y cultura.

Tómate un momento para discutir cada uno ahora.

Área 1: vida práctica

Las actividades cotidianas de la vida diaria pueden servir como oportunidades viables de aprendizaje para los niños pequeños. Llaman al niño a trabajar en *tareas del mundo real* que promuevan la independencia y la coordinación. El "área de entrenamiento de la vida diaria" de un niño pequeño Montessori a menudo incluye una variedad de artículos para el hogar que se necesitan para realizar tareas domésticas familiares, tales como:

- Comer.
- Vestirse.
- Aseo.
- Limpieza.
- Lavarse las manos.
- Verter o sacar objetos (como frijoles, guijarros o agua).
- Abrir y cerrar contenedores.

- Llevar bandejas de almuerzo.
- Lavar los platos.
- Manipular prendas de vestir (como botones, cremalleras, tiras de velcro y cordones).

Estas actividades están diseñadas para preparar al niño para realizar el millón de pequeñas maniobras que inconscientemente los adultos realizan a lo largo del día sin tomarse un momento para apreciar la estudiada delicadeza que comprende cada acción.

Área 2: sensorial

La Dra. Montessori consideraba que los sentidos del niño eran la "puerta de entrada a la mente". Los materiales sensoriales ayudan con el desarrollo de los órganos de los sentidos (especialmente los ojos, los oídos y la nariz) proporcionando un mecanismo por el cual el niño puede experimentar el mundo a un nivel visceral. Se promueve un mayor desarrollo cognitivo cuando se les pide a los niños que comparen y clasifiquen cualquier estímulo sensorial entrante. Por ejemplo, cuando se le presentan los "frascos de sonido" Montessori, se colocan varios elementos (como guijarros, frijoles o arena) en frascos individuales. Luego, se le pide al niño que agite cada frasco y adivine su contenido. Esto incita al niño a crear una memoria auditiva para cada elemento, que recordará en una lección posterior cuando se agite el frasco nuevamente.

Área 3: idioma

El desarrollo del lenguaje es importante en todos los aspectos de la educación Montessori. Las actividades en el aula promueven el desarrollo del vocabulario, las habilidades de comunicación, la escritura y la preparación para la lectura. Los materiales de lenguaje deben incluir actividades para el análisis fonético, así como para el refinamiento de la coordinación manual y el control motor, que serán necesarios cuando el niño finalmente esté listo para comenzar a escribir sus propias palabras y oraciones.

Dado que los niños a menudo aprenden mejor a través del tacto y la interacción (*no* a través de la repetición de memoria), los materiales de aprendizaje del idioma sirven para presentar al niño las formas y los sonidos de las letras primero. Por lo general, el dibujo y el calco de letras individuales precederán a la capacidad del niño para leerlas. Varios ejercicios Montessori piden al niño que trace una letra mientras dice su sonido en voz alta. Al hacerlo, se forma un camino mental profundo y se afinan sus habilidades motoras finas, fomentando la mano firme que usará en futuras tareas de escritura. A medida que avanza el viaje de descubrimiento del niño (de *sentir*, *escribir* y *asociar*), la habilidad de escribir tiende a progresar de forma natural.

Área 4: matemáticas

Los materiales matemáticos intentan formar una base mental para el desarrollo cognitivo posterior, preparando así al niño para la transición a un pensamiento abstracto más refinado. Los materiales matemáticos son más efectivos cuando tienen la capacidad de transformar una idea en acción en el mundo físico. Esto hace que los conceptos abstractos se vuelvan tangibles y proporciona al niño una comprensión más profunda de cómo sus pensamientos pueden usarse para moldear el mundo a sus deseos.

Área 5: ciencia y cultura

El plan de estudios de ciencia y cultura Montessori normalmente incluye cierto nivel de exposición a la historia, la geografía, la zoología, la ciencia o la botánica. Cultiva un interés y una fascinación en los niños por el medio ambiente que los rodea, plantando semillas para nutrir un interés de por vida en el mundo natural. Incluso los niños pequeños pueden familiarizarse con temas complejos (como educación cívica, el ciclo del agua o la fotosíntesis). Por ejemplo, pueden trabajar con mapas simplificados para aprender los nombres de los continentes y países del mundo, o pueden completar rompecabezas que forman las partes de un árbol o una flor. Estas introducciones tempranas ayudan a sentar las bases para un mayor aprendizaje en la escuela primaria.

Resumen

Albert Einstein dijo una vez:

El objetivo supremo de toda teoría es hacer que los elementos irreductibles... sean tan simples (y tan pocos) como sea posible, sin tener que renunciar a la representación adecuada de un solo dato de experiencia.

Aunque Einstein estaba hablando de física teórica, su observación también ejemplifica muy bien el objetivo de la teoría Montessori. Seleccionamos y construimos materiales Montessori con la esperanza de que (de la manera más efectiva y simple) revelen ciertas verdades al niño sobre nuestro mundo.

Cap. 3: cómo presentar los materiales Montessori a los niños

"Durante muchos años de experimentación y observación, descubrí que los niños aprenden naturalmente a través de la actividad y que su carácter se desarrolla a través de la libertad. Pero éstos son principios generales que requieren una aplicación práctica, y los materiales Montessori se han desarrollado para satisfacer esta necesidad".

— Dr. María Montessori

Cuando se elaboran adecuadamente, los materiales Montessori pueden ser mucho más efectivos que los juguetes o juegos infantiles convencionales. Su objetivo no es la transmisión pasiva de conocimiento. En cambio, cada material Montessori está diseñado para incitar un proceso de aprendizaje autodirigido y (cuando se usa correctamente) logrará un resultado educativo específico. Es por esto por lo que las madres Montessori primero deben demostrar al niño el uso y manejo adecuado del material. Si esta instrucción no se proporciona poco después de la exposición inicial, entonces el niño puede inventar su propio método de uso. Esto no siempre es algo malo, especialmente una vez que el niño ha completado sus lecciones principales del día. Pero se debe hacer un esfuerzo temprano para tratar de transmitir la teleología del material. En Montessori, hacemos esto usando la "Lección de tres períodos".

La "lección de tres períodos"

La *Lección de tres períodos* (3PL) es una piedra angular de la metodología Montessori. Puede pensar en ello como una "presentación en tres partes". Está diseñado para presentar un nuevo concepto o ejercicio a un niño, con énfasis en demostrar la forma correcta en que se debe usar un material Montessori específico. Analicemos cada uno de los tres períodos ahora.

Período 1: introducción y nomenclatura ("este es ___")

Primero, selecciona un material Montessori y llévalo al área de trabajo principal. Aísla el material de cualquier otra distracción auxiliar para que el niño pueda concentrarse en el elemento. Cuando observes una disposición en el niño para aprender, trata de introducir un concepto que el material elegido sea capaz de exhibir. Por ejemplo, si está trabajando con una serie de bloques de varios tamaños, puedes intentar utilizar los cubos más grandes y pequeños para mostrar los conceptos de "grande" y "pequeño". Sostén el cubo más pequeño y di: "Este cubo es pequeño". O sostén el cubo más grande y di: "Este cubo es grande". Alternativamente, si está trabajando con un material de lenguaje (por ejemplo, uno con letras físicas grandes), puedes seleccionar una letra y decir: "Esta es la letra 'A'", o "esta es la letra 'B'", etc.

Dado que está demostrando y nombrando elementos individuales, esta primera fase de tres períodos a veces se llama la sección "**Esto**

es" porque a menudo se escucha al instructor pronunciar frases como:

- Esto es grande o pequeño.
- Esto es "A", "B" o "C".
- Esto es azul, rojo o amarillo.
- Este es un cubo, un cilindro o una pirámide.

El nombre del elemento generalmente se repite dos o tres veces, a menudo mientras se señala o se asegura de que se diferencie de otros objetos vecinos.

Aquí hay algunos consejos adicionales:

- Antes de comenzar la lección, haz tu tarea. La madre debe dominar el material Montessori antes de que el niño lo domine. Asegúrate de comprender a fondo el concepto que el material fue diseñado para transmitir.
- Al introducir un nuevo material, asegúrate de seleccionar un espacio de trabajo bien definido. El niño debe ser consciente de que hay un espacio en su hogar en el que se deben aprender nuevas lecciones. Idealmente, este espacio debe estar separado del área de juegos o del dormitorio del niño.
- Invita al niño a entrar al espacio y trabaje contigo. Utiliza la comunicación no verbal para atraer la atención y mostrar el nuevo material al niño.
- Cuando realices tu demostración, no te apresures. En su lugar, presenta la información de una manera tranquila y serena. Proporciona información precisa y usa palabrería minimalista para evitar distracciones innecesarias.
- Adopta un espíritu tolerante. El tono que establezcas será reflejado por tu hijo.

Período 2: asociación o reconocimiento ("muéstrame ___")

Durante el segundo período, verificarás el grado en que se han creado las asociaciones dentro de la mente del niño. Le pedirás al niño que:

- Muéstrame grande o pequeño.
- Muéstrame la letra "A", "B" o "C".
- Muéstrame azul, rojo o amarillo.
- Muéstrame el cubo, el cilindro o la pirámide.

Esta segunda fase de la lección de tres períodos a veces se llama la sección "**Muéstrame**".

Para incitar al niño a participar, puedes intentar modificar la redacción de la pregunta. Intenta decir:

- "Dame el grande".
- "Señala el azul".
- "Pon el cilindro encima del cubo".

Si el niño no puede recordar el nombre del elemento correcto (o si parece inseguro y tal vez solo está adivinando), simplemente regresa al *Período 1* y comienza de nuevo. Aísla el elemento y repite su nombre correcto unas cuantas veces más. No le grites a tu hijo si responde incorrectamente a sus preguntas. No queremos frustrar al niño con demasiados comentarios negativos. Y no trates de apresurar al niño a través del proceso. En cambio, permite que el niño practique a su propio ritmo y gane confianza gradualmente.

Los maestros Montessori están ahí para guiar el proceso de aprendizaje, no para forzarlo.

Período 3: recordar ("¿qué es esto?")

Cuando el niño parece capaz de responder correctamente a muchas de tus preguntas con confianza, entonces es hora de pasar al tercer período. Ahora es el turno del niño para decirle lo que *ve*.

Aísla los artículos y pregúntale al niño: "**¿Qué es esto?**" Por supuesto, este tipo de preguntas suelen reservarse para niños que ya están hablando (normalmente de al menos tres años o más). Sin embargo, puede haber algunas excepciones si tu hijo es excepcionalmente detallado y ya ha expresado los nombres de los elementos antes. Idealmente, este período final resultará en un éxito casual, porque tus preguntas al niño solo servirán para confirmar lo que ya esperas: que el niño pueda responder con éxito a las preguntas que se le plantean.

Sin embargo, si las cosas no van bien y el niño pierde algunas de sus preguntas, es posible que haya pasado al Período 3 demasiado pronto. O el niño podría tener otras cosas en mente hoy. Si esto sucede, no presiones demasiado. Simplemente pídele al niño que te ayude a empacar el material y dejar la lección a un lado hasta mañana.

Limpieza

En el capítulo anterior, discutimos cómo un aula Montessori a menudo es inmediatamente reconocible para los practicantes de Montessori porque los estantes están adornados con materiales cuidadosamente guardados. A diferencia de un plan de lección convencional, el acto de empacar y guardar cuidadosamente el material en sí se considera parte del plan de estudios. Se le indica al niño que devuelva el material a su estado predeterminado y luego que lo lleve a su área de almacenamiento designada, generalmente encima de un estante o cajón del salón de clases.

Los estantes accesibles de un salón de clases Montessori solo deben llenarse con materiales que los niños estén usando actualmente. Si cierto material ya no forma parte del plan de lecciones de este mes, entonces el material se retira, se saca del salón de clases y se almacena en un área que no es visible para el niño. El objetivo de esta práctica es garantizar que la atención del niño se dirija únicamente a los materiales que se ofrecen para que no se distraiga con estímulos secundarios. Este proceso de exposición y eliminación del material del entorno de aprendizaje se denomina "**rotación**". Hablaremos más sobre la *rotación* en el Capítulo 4.

Figura 8: los niños Montessori tienen una rutina diferente para guardar cada material Montessori una vez que terminan de trabajar con él.

Cuándo dar un paso atrás

En esta sección, hemos esbozado una *lección básica de tres períodos* destinada a presentar nuevos materiales Montessori a los niños. La forma en que procedas después de esta exposición inicial depende de las características del material y de la rapidez con que tus hijos aprendan a trabajar con él solos. Algunos materiales Montessori requieren un intercambio constante entre profesor y alumno. Pero otros se pueden explorar sin mucha intervención del instructor.

Cuando el Método Montessori funciona correctamente, puedes notar que tus hijos parecen estar completamente involucrados en la experiencia de aprendizaje, explorando diligentemente las características del material que tienen frente a ellos y trabajando diligentemente como abejas ocupadas. Como señaló la Dra. Montessori:

> **El niño cuya atención [es] retenida por un objeto elegido... es un "alma liberada"... A partir de este momento, no hay necesidad de preocuparse por él... excepto para... remover los obstáculos que puedan obstaculizar su camino hacia la perfección.**

Durante esos momentos de participación, por lo general es prudente que la madre se aleje de la interacción y deje que la mente del niño haga el trabajo de aprendizaje. Para algunas nuevas madres, este momento de liberación puede ser agotador. Las madres quieren lo mejor para sus hijos. Y puede ser difícil resistir la tentación de resolver todos y cada uno de los problemas de su hijo, especialmente cuando la respuesta correcta es tan clara y está al alcance de la mano. Todos queremos llevar a nuestros hijos por el camino correcto, pero también sabemos que a veces deben recorrer este camino solos. Esta tensión es la fuente de muchas luchas maternas. Para las madres que educan en el hogar, este enigma se complica dado que su estudiante también es su descendencia. Pero, en Montessori, entendemos que solo podemos actuar como una guía para el viaje de nuestro hijo. Podemos modelar comportamientos apropiados y atraer su atención hacia el camino del crecimiento personal. Pero el verdadero proceso de aprendizaje tiene lugar en el espacio privado entre las orejas del niño. Como nos recuerda la Dra. Montessori:

El trabajo del maestro es guiar a los niños a la normalización, a la concentración. Ella es como el perro pastor que va detrás de las ovejas cuando se descarrían, que lleva a todas las ovejas adentro. El maestro tiene dos tareas: llevar a los niños a la concentración y ayudarlos en su desarrollo posterior. La ayuda fundamental en el desarrollo, especialmente con niños pequeños de tres años, es no interferir. La interferencia detiene la actividad y detiene la concentración.

Recuerda, en Montessori, buscamos capitalizar esos preciosos momentos en los que el niño parece paralizado al realizar un determinado ejercicio (como completar un rompecabezas o un juego de bloques). Cuando notes que la alegría del descubrimiento está alimentando naturalmente la actividad del niño, trata de abstenerte de terminar la interacción. Dale al niño la libertad de seguir explorando.

Incluso si tus actividades resultan en errores obvios, resiste la tentación de corregirlo con demasiada frecuencia. La forma en que un niño individual trabaja con un material puede diferir inicialmente de la de otro. Cuando un niño pequeño se expone por primera vez a un material nuevo, su motivación puede ser solo realizar un análisis de sus características físicas. Por ejemplo, si estás intentando que tu hijo escuche el sonido que emana de un frasco de sonido Montessori, pero parece tener más curiosidad por el frasco en sí (sacudiéndolo salvajemente y estudiando sus suaves curvas), entonces no lo disuadas de este intento. Por ahora, déjalo llegar a conocer el peso y la sensación del frasco. Que complete su examen táctil. Mañana habrá tiempo para realizar una presentación más académica del material.

Una buena maestra Montessori sabe cómo alterar los objetivos de su lección según el ritmo del niño que tiene delante. Ella hará un seguimiento de su desarrollo a través de observaciones diarias, no de pruebas estandarizadas. Debido a la falta de recompensas externas, motivadores y competencia entre estudiantes, los niños Montessori no están atormentados por el miedo al fracaso. Desde temprana edad, los niños Montessori descubren que el aprendizaje puede ser un divertido proceso de experimentación. Los maestros entienden que es a través de "ensayo y error" que ocurre el crecimiento personal. Los niños deben estar capacitados para avanzar penosamente a través de contratiempos y obstáculos sin vergüenza. Esta mentalidad es fundamental para cultivar un espíritu de perseverancia frente a la adversidad, que es tan valioso en todos nuestros esfuerzos.

Recuerda cómo Thomas Edison hizo un famoso recuento de sus muchos intentos fallidos de inventar la bombilla, exclamando:

"No he fallado, acabo de encontrar 10.000 formas que no funcionarán".

Éste es el tipo de perspectiva que queremos que nuestros niños Montessori adopten en sus actividades. Un revés no es una razón para renunciar. En cambio, es solo un poco de retroalimentación que te ayudará a ti y a tu hijo a ajustar sus esfuerzos mutuos, mientras se preparan para otro intento mañana.

Una lista de materiales Montessori clásicos

Hay millones de diferentes tipos de materiales Montessori a la venta en la web, dispersos en miles de tiendas minoristas en línea. Algunos se basan en diseños desarrollados por la propia María Montessori. Y otros están muy alejados de sus especificaciones originales. Además, se pueden utilizar muchos ejercicios diferentes con cada material Montessori dado (un número infinito de los cuales se pueden descargar de forma gratuita en línea). Inevitablemente, diseñarás tus propios materiales Montessori a medida que adquieras más conocimientos sobre el plan de estudios.

En un esfuerzo por transmitir de manera sucinta los fundamentos de la teoría de materiales Montessori, usaremos este capítulo para presentar cinco materiales clásicos que se encuentran comúnmente en casi todas las aulas Montessori. Luego, describiremos cómo podría verse una lección introductoria típica con el material. Seleccionaremos un material para cada uno de los cinco dominios de aprendizaje enumerados en la sección anterior. Nuestra lista incluye:

1. El rompecabezas del árbol: una actividad de "Ciencia y cultura".
2. La Torre Rosa: una actividad "Sensorial".
3. Armazones para vestirse: una actividad de "vida práctica".
4. Letras de papel de lija: una actividad de "lenguaje".
5. Las Cuentas de oro: una actividad de "Matemáticas".

Material 1: el rompecabezas del árbol (actividad de ciencia y cultura)

Figura 9: el rompecabezas del árbol ayuda al niño a memorizar las partes principales de un árbol.

Los rompecabezas de madera se utilizan a menudo en Montessori porque los niños pequeños se sienten atraídos por ellos al instante. Son un material introductorio perfecto porque la forma en que deben usarse (y la forma en que deben guardarse después del uso) es obvia para el niño. Recuerde, en Montessori, la tarea de devolver el material a su estado predeterminado y volver a colocarlo en su lugar de almacenamiento original es parte del plan de estudios. El rompecabezas del árbol es fácil de volver a armar y lo puede llevar un niño pequeño.

Al trabajar con el rompecabezas, los niños mejorarán sus habilidades motoras finas y sus habilidades de memoria. Lo que es más importante, las piezas del rompecabezas se pueden utilizar para presentar a los niños las partes de un árbol. Las piezas de nuestra imagen de muestra se dividen en cuatro conjuntos: las hojas, el tronco, las ramas y las raíces. Al presentar el material, se puede pedir a los niños que construyan el rompecabezas según el orden en que el maestro nombra cada parte. Para hacer este ejercicio:

- Comienza colocando el tablero del rompecabezas frente al niño y esparce las piezas alrededor del tablero al azar.
- Luego, pídele al niño que señale las "raíces" del árbol.
- Si el niño responde correctamente, pídele que recoja las raíces y coloque la pieza en el lugar correcto en el tablero del rompecabezas.
- Repite este proceso para las piezas restantes del rompecabezas (es decir, para las hojas, el tronco y las ramas).

Esta lección se puede seguir con una lección al aire libre. Invita al niño a pararse debajo de un árbol real e identificar nuevamente las mismas cuatro partes.

- "Señala a las raíces".
- "Señala a las hojas".
- "Señala al baúl".
- "Señala a las ramas".

Al realizar con éxito este ejercicio, la niña demuestra que sabe cómo mapear los conceptos que representan las piezas del rompecabezas en objetos del mundo real.

Material 2: La Torre Rosa (actividad sensorial)

Figura 10: La Torre Rosa presenta un gradiente de bloques de varios tamaños que transmiten los conceptos de "más grande" y "más pequeño".

Uno de los materiales Montessori más conocidos es "La Torre Rosa". Este material sensorial consta de 10 cubos con medidas que oscilan entre uno y diez centímetros. Cada cubo es ligeramente más pequeño que el cubo sobre el que está apilado. Cuando están completos, los cubos forman la estructura de una torre ascendente. El propósito de este material es lograr que el niño perciba la diferencia de tamaño, forma y peso de diez objetos individuales. Por lo tanto, indirectamente prepara al niño para una comprensión abstracta de las *diferencias* y *grados* que se requerirán en futuras lecciones de matemáticas.

Al presentar el material por primera vez, es mejor llevar los cubos a la alfombra del piso del niño. No se recomiendan mesas para este material porque su altura máxima puede ser sustancialmente más alta que su niño pequeño. Coloca los cubos individuales en el tapete de manera aleatoria de modo que el niño deba estudiar el tamaño de cada cubo para determinar el orden de apilamiento correcto.

Comienza el ejercicio de apilamiento así:

- Comienza con el cubo más grande y colócalo ordenadamente frente a ti.
- Encuentra el segundo cubo más grande y colócalo encima del cubo más grande.
- Muéstrale al niño cómo alinea el cubo recién colocado de modo que todas las distancias alrededor del cubo sean iguales. Trata de ser lo más exacto posible. Limita la cantidad de movimientos que realizas, moviendo el cubo solo para hacer ajustes menores.
- Ahora, ubica el tercer cubo más grande y colócalo encima del segundo cubo más grande de su torre.
- Continúa de la misma manera hasta completar la torre.
- Permite que el niño tenga tiempo para observar la torre recién construida.
- Luego, retira los cubos de la torre (uno a la vez) y colócalos en el tapete de forma aleatoria, tal como lo hicimos durante la fase de configuración inicial.
- Ahora, invita a tu hijo a intentar apilar los bloques él mismo. El "control de error" incorporado en el material debe permitir que el niño trabaje de forma independiente. Es decir, si el niño no respeta el orden correcto de los bloques, la torre se derrumba. Si esto sucede, no hagas un escándalo o una broma sobre el evento. En su lugar, pide al niño que lo intente de nuevo.
- Los niños pequeños o novatos a menudo jugarán con los bloques individualmente y pueden abandonar el objetivo de apilarlos para lograr una estructura de torre. Si esto sucede,

simplemente detén el ejercicio cuando sea apropiado y vuelve a intentarlo mañana. Con el tiempo, el niño querrá saber si tiene las habilidades necesarias para "apilar los cubos tan alto como pueda mamá". Después de que te vea hacerlo unas cuantas veces, puede desarrollar gradualmente una apreciación por el objetivo.

Cosas para tener en cuenta:

- Trata de usar movimientos fluidos y precisos cuando manipules los cubos porque el niño reflejará tu acercamiento al material. Si lanzas los cubos como globos de agua en un carnaval, también lo hará tu hijo.
- Antes de comenzar la actividad, asegúrate de que la colchoneta del niño esté correctamente desenrollada. Cualquier pliegue en el tapete hará que la torre se caiga. Algunos modelos de La Torre Rosa vienen con una base pesada que ayuda a crear una plataforma plana sobre la cual construir.
- Así como a algunos niños alborotadores les encanta hacer castillos de arena en la playa, a algunos niños les encanta ver caer bloques de madera. Y eso está bien. Si tu hijo tiene la intención de ver cómo se derrumba la torre con júbilo, asegúrate de que comprenda que este derribo es su recompensa por construir una torre completa por sí mismo. Si puede construirlo, puede verlo caer.
- Por supuesto, como con todos los materiales Montessori, el niño debe ayudar a la madre a devolver la torre a su estado original y llevarla de vuelta a su lugar de almacenamiento después de que se haya derribado por completo.

Material 3: armazones para vestirse (actividad de vida práctica)

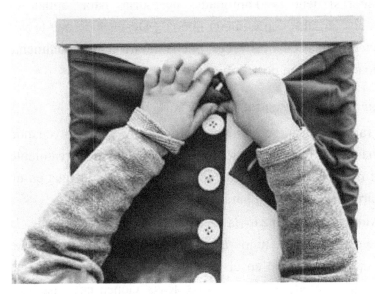

Figura 11: el material de armazones para vestir ayuda a los niños a dominar las habilidades de abrocharse y abotonarse.

En el dominio de la "vida práctica", los "bastidores de vestir" son un material Montessori popular. Estos son marcos de madera, metal o bambú con dos piezas de tela unidas entre ellos. En el centro, la tela está unida por diferentes tipos de cierres, como botones, cremalleras, lazos o cordones. Los niños pequeños a menudo tienen dificultades para usar la multitud de pequeños sujetadores que todos debemos manejar a lo largo de nuestras vidas. Los armazones para vestir brindan a los niños la oportunidad de desarrollar la delicadeza de dedos ágiles necesaria para ponerse nuestro atuendo diario. Al hacerlo, nutrimos los espíritus de autonomía dentro del niño y engendramos un sentido de independencia, que surgirá naturalmente cuando el pequeño se dé cuenta de que ya no necesita la ayuda de mamá para abotonarse la camisa.

Cuando se presenta el material de los marcos de los vestidores a los niños por primera vez, generalmente es mejor comenzar con el tipo de sujetador más fácil. Por ejemplo, seleccione uno con botones de gran tamaño o cremalleras extragrandes. Entonces, prueba esta exposición:

- Lleva el armazón del vestidor a la mesa de aprendizaje de primaria y déjalo suavemente delante del niño. (Recuerda siempre manejar los materiales Montessori con el mismo calibre de gracia con el que te gustaría que tus hijos los manejaran).
- A continuación, desabrocha cada botón lentamente. Comienza desde la parte superior del marco y sigue hacia abajo.
- Luego, alínea las dos piezas de tela y comienza a volver a abrocharlas.
- Cuando hayas terminado, coloca el marco del vendaje frente al alcance del niño e invítalo a probarlo él mismo.

Cosas para tener en cuenta:
- Cuando sea el momento de mostrarle a tu hijo cómo abrochar la tela, no permitas que sus dedos entren en "modo de piloto automático". Por ejemplo, no trabajes con los botones y cremalleras con la rapidez subconsciente como lo harías al vestirte durante el ajetreo de la mañana. En su lugar, abrocha los botones lentamente, con movimientos cuidadosos de los dedos que le den a su bebé un buen punto de vista en el que pueda ver cómo tus dedos hacen lo suyo. Tu hijo estará monitoreando tus dedos en un intento de discernir cómo estás logrando cada acción.
- Los cordones de los zapatos suelen ser el cierre más difícil de aprender para los niños pequeños. Por lo tanto, reserva el

marco para *vestir cordones para el final*. Permite que su hijo gane confianza con los materiales más fáciles primero, de modo que pueda desarrollar una mayor coordinación y destreza antes de abordar los marcos más complicados.

- Cuando se trata de cremalleras, nuestro mundo está lleno de muchos tipos diferentes. Normalmente usamos al menos dos tipos de cremalleras en los armazones de los vestidores. La "cremallera de separación" es más fácil de manipular para los niños. En este tipo de fijación, el tejido se separa cuando se acaba la cremallera. Alternativamente, la "cremallera inferior cerrada" funciona como una cremallera en un par de jeans. A veces se deslizan libremente y otras veces no. Así que familiarízate con el nivel de dificultad de cada uno de sus armazones para vestirse, de modo que puedas presentárselos a tu hijo en función de su nivel de habilidad actual.

Material 4: letras de papel de lija (actividad de lenguaje)

Figura 12: las letras de papel de lija son útiles porque sientan las bases para leer y escribir. Ayudan a crear asociaciones y vías neuronales entre los estímulos táctiles, visuales y auditivos.

Las *letras de papel de lija* son excelentes para preparar a los niños Montessori para futuros ejercicios de lectura y escritura. Consisten en 26 recortes de papel de lija (cada uno representa una letra del alfabeto) adheridos a cartulina o piezas delgadas de madera. El reverso de las letras suele ser de color *azul* para las consonantes y *rosa* para las vocales (esta es la convención de colores típica para todos los materiales de lenguaje Montessori).

Se utiliza papel de lija por su textura palpable. La Dra. Montessori creía que cuando los niños trazan con los dedos cada letra, el ejercicio estimula el sistema sensorial y se crea una *huella mental* (o vía neuronal) dentro del cerebro del niño. La experiencia física se asocia entonces con el sonido que representa la letra, facilitando así las funciones de memorización de la mente. María Montessori se refirió a este proceso como:

Adquirir una memoria muscular de las letras a través del tacto.

Para su primera presentación con las letras de papel de lija, prueba este sencillo ejercicio.

- Lleva las letras de papel de lija al área de trabajo y selecciona tres letras que sean diferentes en forma y sonido, por ejemplo, "B", "M" y "A".
- Muéstrale al niño la primera letra trazando suavemente la letra con tu dedo índice. Hazlo en la dirección en la que está escrita la letra (generalmente desde la esquina superior izquierda hacia la esquina inferior derecha). Lo más importante es hacer el sonido de la letra con la boca mientras la trazas lentamente.
- Trata de localizar un objeto familiar en la habitación que comience con el mismo sonido fonético que la tarjeta en tu mano. Por ejemplo, si sostienes la letra "B", señala un cuadro cercano y di "Cuadro".
- Invita al niño a tocar la letra mientras lo demuestras. Luego, deja la carta a un lado y pasa a la siguiente.
- Sigue el mismo procedimiento para las tres letras.
- Después de demostrar cada una de las tres letras de esta manera, trata de darle al niño una de las letras y pídele que te diga qué sonido hace. Con el tiempo, debería poder pronunciar el sonido fonético "B" e identificar la "caja" cercana como representativa de esta letra.

Cosas para tener en cuenta:

- Usualmente usamos las letras de papel de lija para enseñar el sonido de la letra, no el *nombre* de la letra (por ejemplo, para la letra "B" decimos "Buh" como en "box", no "Bee" como en "Beatrice"). El sonido que representa la letra es más importante para la preparación de la lectura que el nombre de la letra.
- Durante su presentación, mantenga su voz uniforme, neutral y trate de prestar la misma atención a cada letra del alfabeto (incluso a las letras "X", "Y" y "Z").
- Al recitar letras sueltas, puede ser natural exagerar su sonido fonético, especialmente en "S" y "T". Pero si exagera el sonido de la letra, su hijo también lo hará.
- Para ayudar en la capacidad de su hijo para trazar las letras, puede ser útil dibujar pequeñas flechas en la letra misma, indicando la dirección en la que deben deslizarse los dedos del niño.

Material 5: las cuentas doradas (actividad de matemáticas)

Figura 13: las cuentas doradas (o cubos) introducen a los niños al conteo y conceptos matemáticos abstractos.

Las Cuentas Doradas introducen a un niño a las alegrías de los números, el conteo y la multiplicación. Cada pequeña cuenta representa una sola unidad. Algunas de las cuentas se ensartan juntas en sumas cada vez mayores, típicamente de los números 1, 10, 100 y 1000. Al trabajar con varios conteos de cuentas, el niño desarrolla una comprensión de las matemáticas a través de la *vista*, el *tacto* y el *peso*.

Cuando presentes el material por primera vez, intenta un ejercicio simple para ver si el niño entiende que cada cuenta individual representa una unidad del 1 al 10.

- Escoge una sola cuenta y di "uno". Luego, coloca la cuenta en el tapete frente a ti.
- Selecciona una segunda cuenta y di "dos" y haz lo mismo.

- Continúa este proceso hasta que diez cuentas estén alineadas frente al campo visual del niño.

Una vez que se completa la introducción de las diez cuentas, el siguiente objetivo es hacer que el niño se sienta lo suficientemente cómodo con el procedimiento de conteo de modo que pueda identificar cuántas cuentas tiene delante en cualquier etapa del proceso. Por ejemplo, si el niño tiene diez cuentas delante de él y quitas tres cuentas, entonces puedes preguntarle: "¿Cuántas cuentas tiene ahora?", y debe responder: "Siete".

Muchos niños de 2 años son capaces de contar hasta diez, aunque se confunden si cambia el orden de los números. Algunas habilidades matemáticas abstractas (como la resta y la suma) solo pueden ser posibles para los niños pequeños mayores. Pero una vez que el niño haya dominado el arte de contar con *diez cuentas individuales*, será el momento de cambiarlas por una sarta de *diez cuentas conectadas*. Para introducir este este cambio, intenta este ejercicio:

- Dispón nueve cuentas frente al niño y pregúntale cuántas cuentas tiene.
- Si responde correctamente (diciendo: "Nueve"), entonces pregúntale: "¿Cuántas cuentas tendrías si te diera una más?"
- Si dice: "Diez", coloca la última cuenta en línea con las otras nueve y di: "Así es. Ahora hay diez cuentas".
- Luego, levanta la única hilera de 10 cuentas conectadas y di: "También hay diez cuentas en esta hilera. Entonces, puedo cambiar tus cuentas por este collar de cuentas, y todavía tienes diez cuentas, ¿verdad?".

El objetivo de este ejercicio es lograr que el niño comprenda cómo se pueden agrupar los números en una serie de decenas. Ejercicios similares pueden progresar hasta que el niño esté listo para contar hasta 100 e incluso hasta 1000. El diagrama anterior contiene una fotografía de un ejercicio avanzado de Cuentas Doradas en el que el niño es capaz de contar números muy grandes.

Figura 14: un ejercicio matemático Montessori que utiliza las cuentas doradas para contar números altos.

Cosas para tener en cuenta:
- El material Cuentas Doradas consta de cientos de pequeñas cuentas que se tragan fácilmente. Por lo tanto, no se recomiendan para niños más pequeños que todavía tienen la intención de explorar con la boca.
- No coloques las cuentas en una mesa de madera resbaladiza porque saldrán volando en todas direcciones como canicas. En su lugar, utiliza una alfombra de trabajo, un mantel o alguna otra superficie antideslizante.
- Cuando los niños se encuentran con las cuentas doradas, probablemente ya hayan pasado algún tiempo trabajando con otros ejercicios matemáticos más simples, como contar

hasta diez con los dedos. Idealmente, el niño debe tener algunos conocimientos previos sobre los primeros diez números enteros antes de usar las cuentas.

Adopta un enfoque incremental de los materiales Montessori

Las nuevas madres Montessori pueden verse tentadas a sacar sus tarjetas de crédito, navegar por Etsy.com y llenar sus estantes con docenas de magníficos materiales Montessori y guías de actividades. Sin embargo, si es nuevo en Montessori, puede ser conveniente adoptar un enfoque más incremental. La metodología suele ser más fácil de comprender cuando tanto la madre como el niño se exponen gradualmente a sus complejidades. En lugar de ahogar a sus hijos en un mar de nuevos y brillantes materiales Montessori, primero puede probar algunos ejercicios prácticos para la vida, como:

- Barrer.
- Limpiar el polvo.
- Lavado de manos.
- Lavado de platos.
- Sillas móviles.
- Tapetes rodantes.
- Llevar bandejas o cestas.
- Desenroscar las tapas de los contenedores.
- Sacar frijoles.
- Tirar agua.
- O poner una mesa con pequeños platos de plástico.

Estas actividades le resultarán familiares a su hijo. Y, a medida que adquieran confianza en su capacidad para realizar tareas domésticas, serán más aptos para abordar tareas de naturaleza más académica.

Después de dominar las actividades de la vida diaria, puedes pasar a materiales Montessori más complejos. Por ejemplo, deja que el niño pruebe *Los marcos de Vestimenta* o *El rompecabezas del árbol*. Luego, (dependiendo de la edad de tu hijo) considera pasar a ejercicios más desafiantes, eventualmente llegando a los dominios complejos de las matemáticas (usando las *Cuentas Doradas*) o el lenguaje (usando las *letras de papel de lija*). La velocidad con la que presente los materiales a tu hijo estará determinada por sus necesidades y preferencias específicas. Por ejemplo, tu hijo de dos años puede experimentar una alegría infinita mientras trabaja con los materiales sensoriales, mientras que tu hijo de cuatro años puede estar interesado en abordar los ejercicios de lenguaje y matemáticas. Idealmente, una vez que el mecanismo de relojería de tu pequeño salón de clases en casa esté girando de manera eficiente, podrías notar que tus hijos esperan genuinamente la exposición de cada nuevo material Montessori. Y, a medida que crezca su repertorio de materiales, también lo hará la cantidad de oportunidades de aprendizaje para tus hijos.

Cap. 4: configura tu propia aula Montessori en casa

"Debemos darle relajación al niño desde la dirección continua de los adultos. Entonces les damos el ambiente adecuado... [No corregimos al niño] sino [lo preparamos] para una nueva vida. Esto es algo que los niños nunca han tenido, incluso en los hogares más grandes y ricos. Porque incluso en un palacio, descubres que los niños están relegados a alguna oscura guardería".

— Dr. María Montessori

Montar el aula en casa suele ser el primer reto que debe afrontar la nueva madre Montessori. Este es un proceso importante. Porque es en *esta* sala donde tu hijo recibirá su primera introducción a los rigores de la educación. Aquí, el milagro del conocimiento le será otorgado por primera vez. Llegará a epifanías e intuiciones mentales que le permitirán vislumbrar lo sublime, iluminando así el camino hacia un mayor desarrollo cognitivo en su carrera académica posterior.

Así como tener una mesa de trabajo costosa no hace que uno sea un buen carpintero, tener un salón de clases bien equipado no hace que un niño sea inteligente. Aun así, hay varias características necesarias para tener en cuenta al construir su propio salón de clases Montessori en casa. El objetivo principal de nuestros esfuerzos quizás se describa muy bien con la palabra italiana "**sprezzatura**". La palabra apareció por primera vez en un libro del siglo XVI del diplomático italiano Baldassare Castiglione, quien la definió de esta manera:

> **Sprezzatura significa poseer una cierta indiferencia... hacer que cualquier cosa que uno haga o diga parezca sin esfuerzo y casi sin pensar en ello. [El practicante manifiesta] una fácil facilidad para realizar acciones difíciles que oculta el esfuerzo consciente que se dedicó a ellas.**

Sprezzatura no tiene un equivalente en español adecuado. El Diccionario de Oxford simplemente lo define como "descuido estudiado". Pero quizás la expresión inglesa más cercana que captura el espíritu de la palabra es:

> **Todo se realizó sin ningún problema.**

Lo que significa que el evento social que estaba organizando (ya sea una boda, una ceremonia de graduación o una actividad en el aula) se ejecutó de tal manera que todos los participantes se beneficiaron de la ocasión, y nadie sospechó la cantidad de previsión que se tomó. su creación.

Por supuesto, como nuevo propietario de su propia pequeña aula Montessori en casa, así es exactamente como le gustaría que fuera cada mañana. Cuando funcionan correctamente, los niños en un salón de clases Montessori no se sienten como si estuvieran siendo ordenados como cadetes militares. En cambio, están muy ocupados en sus propias actividades de aprendizaje sin ningún conocimiento de las maquinaciones subyacentes que se dedicaron cuidadosamente a orquestar el entorno de la clase. En este capítulo, describiremos seis *principios de diseño* para guiarte en sus esfuerzos de planificación del aula.

Principio 1: orden

El Método Montessori valora la *independencia personal* pero nunca a expensas del *orden*. A los niños Montessori no se les permite retozar en el salón de clases como lo harían en la piscina de pelotas en *Chuck E. Cheese Pizza*. El orden es esencial para la metodología. Como se describe en capítulos anteriores:

- Los materiales Montessori se recuperan y almacenan de manera ordenada.
- El salón de clases Montessori debe mantenerse limpio y ordenado.
- Y, por supuesto, los alumnos Montessori deben comportarse de manera ordenada en todo momento.

Cuando el mundo externo del niño (es decir, tu salón de clases) está limpio y ordenado, entonces le será más fácil calmar su mente y controlar su comportamiento.

Principio 2: accesibilidad

En su salón de clases, todos los materiales Montessori deben colocarse teniendo en cuenta la altura y la fuerza del niño. Debería ser capaz de recuperar de forma independiente los recursos de la clase según sea necesario y sin necesidad de la ayuda de un adulto.

Por supuesto, este principio también se aplica a cualquier otro artículo de clase.

- Las pizarras blancas deben estar cerca del suelo para que los niños pequeños puedan escribir en ellas.
- La altura de la mesa de trabajo y las sillas debe reducirse para facilitar el acceso de los niños.
- Los mostradores del salón de clases, los compartimentos de almacenamiento y los estantes deben colocarse por debajo del nivel de los ojos del niño.

Por supuesto, no es posible configurar una habitación completa de esa manera para todas las aulas de educación en el hogar. Cada madre debe arreglárselas con las limitaciones de espacio y las restricciones de su propio hogar y presupuesto. Por lo general, no es posible reducir cada mueble a la altura de un niño pequeño. Y eso está bien. No necesitas un salón de clases Montessori *perfecto* para ejecutar un salón de clases Montessori *efectivo*. Simplemente haz todo lo posible para adaptarte a las pequeñas necesidades de tus hijos. Y, lo que es más importante, trata de ser consciente de lo difícil que es navegar en el mundo de los adultos cuando solo mides medio metro. Aprender a ver el mundo a través de los ojos de un niño en desarrollo es una de las habilidades más vitales que puede tener una nueva madre Montessori. A medida que crezca tu conocimiento de Montessori, también lo hará tu capacidad para predecir cómo reaccionará tu hijo cuando se le presenten nuevos estímulos ambientales. Con el tiempo, podrás detectar los muchos tipos de obstáculos domésticos que dificultan que los niños accedan correctamente a los elementos de su mundo. La eliminación de estos obstáculos (siempre que sea posible) ayudará a fomentar el sentido de independencia y autonomía personal de tu hijo.

Figura 15: en este salón de clases, observa cómo las sillas, las mesas, la pizarra y los estantes están todos a una altura reducida para facilitar el acceso de los niños.

Principio 3: rotación

Cuando se escucha a las madres Montessori discutir planes de lecciones, es común escucharlas hablar sobre el proceso de "**rotación**". Al hacerlo, se refieren al acto de traer materiales dentro (y fuera) del área de trabajo principal del salón de clases. La Dra. Montessori creía que el salón de clases *solo* debería consistir en los materiales con los que el niño podría trabajar potencialmente durante el día. Cualquier otro objeto es una distracción. Por lo tanto, se rotan fuera del aula y se colocan en un almacenamiento auxiliar, a menudo en una habitación trasera, un garaje o en algún otro espacio que no sea accesible para los niños. Al eliminar los objetos innecesarios del campo de visión del niño, esperamos enfocar su mente en la tarea que tiene entre manos, mitigando así el deseo de abandonar un curso de acción en pos de uno novedoso.

Para la madre que educa en el hogar, la cantidad de espacio disponible es siempre un punto de discusión. En casas o apartamentos más pequeños, los materiales no se exhiben ni se preparan tan fácilmente para su uso. Si los estantes anchos no están disponibles en tu hogar, no te preocupes. Se creativo y diseña un sistema para empacar y desempacar los materiales Montessori según se necesiten para la lección de hoy. Esto podría implicar el uso de recipientes de plástico para múltiples materiales, el transporte de materiales desde una instalación de almacenamiento externa o el uso de otras áreas de almacenamiento en tu hogar (como designar un solo armario para que actúe como el "armario Montessori").

El método por el cual almacenas y recuperas tus materiales es una preocupación secundaria. Lo importante es que tengas algún tipo de sistema para acceder a los recursos de la clase. Recuerda, los niños anhelan el orden. Siempre que exista un método único por el cual puedan configurar una habitación en su hogar para el tiempo de clase, los niños podrán dominar este proceso. Como aconseja el proverbio inglés del siglo XVII, debería haber:

Un lugar para cada cosa y cada cosa en su lugar.

Principio 4: compartimentación

Cada madre Montessori usa una variedad de contenedores inteligentes para almacenar, presentar y rotar sus materiales Montessori según sea necesario. Éstas incluyen:

- Cestas.
- Contenedores Tupperware.
- Estantes deslizables.

- Tazones.
- Cajones divididos.
- Bolsas de tela.
- Bandejas de madera.
- Etc.

La compartimentación es muy importante en Montessori porque proporciona muy bien un proceso definitivo mediante el cual se deben almacenar los materiales. Colocar cada material en su propio contenedor designado le permite al niño memorizar el método por el cual se accede al material. Al garantizar que los elementos que buscan se puedan recuperar y guardar mediante un modus operandi inquebrantable, aumentamos la probabilidad de que el niño realice esta tarea de manera correcta e independiente.

Los materiales Montessori en su salón de clases deben organizarse en múltiples dominios de aprendizaje. Recuerda del Capítulo 2, enumeramos cinco de esos dominios:

- Vida práctica.
- Sensorial.
- Idioma.
- Matemáticas.
- Ciencia y Cultura.

Idealmente, cada dominio ocupará un rincón o grieta del espacio disponible en el aula. Una vez más, esto puede no ser posible en todas las aulas de origen. Pero intenta encontrar alguna manera de distinguir los múltiples tipos de materiales que se ofrecen. La imagen a continuación muestra un estante Montessori típico con muchos tipos diferentes de contenedores de almacenamiento en uso. Cada uno contiene un solo material Montessori y se asienta muy bien dividido en su propio espacio de estantería.

Figura 16: observa cómo cada material Montessori tiene su propio contenedor y se divide en su propio espacio designado en este estante.

Principio 5: minimalismo

Es posible que hayas notado que haces más trabajo cuando el espacio de tu oficina está limpio y ordenado. Un espacio de trabajo caótico incita al pensamiento caótico. Es por eso por lo que nos esforzamos por el orden y el minimalismo en Montessori. Los materiales Montessori a menudo se construyen a partir de objetos toscamente simples. Y, sin embargo, son efectivos en su transmisión táctil de conceptos importantes. Irónicamente, los niños a menudo *inventan, imaginan, aprenden* y *juegan* con más entusiasmo cuando tienen *menos* opciones de juguetes para elegir. A diferencia de una sala de juegos para niños convencional, que a menudo está llena desde el piso hasta el techo con juguetes llamativos, muñecas y juegos electrónicos, una sala Montessori solo puede contener una docena de materiales cuidadosamente ordenados. Esta pantalla minimalista en realidad incita al niño a involucrarse con el artículo en un nivel más profundo. O, como dijo la instructora Montessori australiana Simone Davies:

> Los niños no necesitan tanto como creemos que necesitan. Se vuelven más creativos cuando hay menos.

Este énfasis en el minimalismo no solo se aplica a la selección de juguetes y materiales, sino también a la selección de colores. Las habitaciones Montessori utilizan tonos neutros e iluminación natural. La intención aquí es crear una atmósfera relajada y tranquila, mitigando así la distracción y facilitando el proceso de aprendizaje.

Principio 6: autonomía

En última instancia, nuestra meta en Montessori no es diferente a la supuesta meta de cualquier otra institución académica. Existe un lugar de aprendizaje para convertir a un estudiante en un agente completamente autónomo: un adulto que algún día podrá aprender nuevos conceptos, realizar su propia investigación innovadora, deducir sus propias conclusiones, manejar su propia vida y (algún día) criarla. hijos propios. Todo en el aula Montessori está diseñado de tal manera que facilita este objetivo. Esta es la razón por la cual la Dra. Montessori fue tan inflexible en describir la voz de un niño con una oración simple:

> "**Ayúdame a hacerlo solo**".

Queremos que el niño *quiera* hacerlo él mismo. Y, en algún nivel, el niño también quiere esto, incluso cuando está pidiendo ayuda a gritos. Alentamos este deseo de autonomía cuando hacemos todo lo posible para acomodar a nuestros pequeños humanos con materiales de clase accesibles y planes de lecciones que los invitan a participar en el estudio autodirigido. Como escribió la Dra. Montessori:

> **Nuestra escuela no es una escuela real; es una casa de niños, es decir, un ambiente especialmente preparado para los niños, donde los niños absorben la cultura que se difunde en el ambiente sin que nadie les enseñe.**

Con suerte, al darle a un niño el regalo de la independencia a una edad temprana, despertaremos al máximo los intereses, motivaciones y talentos que son únicos para él. Porque éstos son los rasgos que serán más esenciales para impulsarla por el camino que elija recorrer en la vida.

Cómo configurar el dormitorio de su hijo para Montessori

En la sección anterior, enumeramos seis principios fundamentales que ayudan en la construcción de su salón de clases Montessori en el hogar. Pero ¿qué pasa con las otras habitaciones de tu casa? El dormitorio del niño es a menudo la habitación que la nueva madre Montessori aborda a continuación.

La próxima vez que ingreses a la habitación de tu niño pequeño, tómate un momento para evaluar el grado en que se ajusta a nuestra nueva comprensión de los principios Montessori de *autonomía* y *accesibilidad*. Para empezar, considera la rutina nocturna de tu hijo.

- ¿Es capaz de alcanzar su pijama?

- ¿Es capaz de cepillarse los dientes sin ayuda?
- ¿Es capaz de subirse a la cama por sí mismo?

La Dra. Montessori creía que deberíamos tratar de eliminar cualquier barrera física que pudiera impedir que el niño pequeño manejara su propia vida. Ella escribió:

Debemos darle al niño un ambiente que pueda utilizar por sí mismo: un pequeño lavabo propio, unas sillas pequeñas, una cómoda con cajones que pueda abrir, objetos de uso común que pueda manejar, una cama pequeña en la que pueda dormir por la noche debajo de una manta atractiva que puede doblar y extender por sí mismo. Debemos darle un entorno en el que pueda vivir y jugar.

Una de las primeras cosas que notará al entrar en la habitación de un niño Montessori es su cama única. Por la noche, no es necesario que un adulto sin discapacidad levante a los niños Montessori sobre el armazón de una cama alta. En cambio, su colchón yace cerca del piso; el niño puede subirse a (o salir) de su cama a voluntad. Además, notará que muchos otros artículos en la habitación están colocados de una manera accesible para sus jóvenes manos. El siguiente diagrama contiene un ejemplo de un dormitorio compatible con Montessori.

Figura 17: en la habitación Montessori de este niño, su armario, cama, sillas y estante de almacenamiento se diseñaron teniendo en cuenta la máxima accesibilidad.

Tomemos un momento para identificar algunas características clave:

- Primero, observa la altura de los estantes en nuestro diagrama. Están cerca del suelo y, por lo tanto, son accesibles para los niños. Así como los materiales Montessori en un salón de clases deben devolverse a su posición designada después de su uso, esta regla también debe aplicarse a los juguetes en la habitación de nuestro hijo.
- Ahora, considera el armario del niño. En nuestra imagen, las camisetas están colgadas en un poste que se asienta a una altura reducida para permitir que el niño seleccione su atuendo por sí mismo. Este espacio también debe contener un cesto de ropa que esté colocado lo suficientemente bajo

como para que el niño pueda colocar su ropa sucia según sea necesario.
- El dormitorio también tiene una silla pequeña que se puede usar para ponerse calcetines y calzado.
- Cuando los adultos cuelgan espejos, tienden a colocarlos a la altura de los ojos de los adultos. Pero los niños no pueden usar espejos a esta altura. Por lo tanto, considera usar un espejo de pared de cuerpo entero en la habitación de su niño pequeño, preferiblemente uno que se extienda hasta las tablas del piso para que el niño pueda verse a sí mismo mientras se viste.
- Los enchufes eléctricos del dormitorio deben ser a prueba de niños y los cables de alimentación deben estar ocultos para evitar accidentes eléctricos.
- Finalmente, debido a que los niños tienden a pasar mucho tiempo cerca del suelo, se puede colocar un tapete suave en el centro del piso. Así, dotar a nuestro pequeño de un amplio espacio en el que jugar con sus juegos o actividades favoritas.

Cómo configurar el baño de tu hijo para Montessori

Cuando se trata de preparar el baño de tu casa para el uso de tu hijo, se aplican todos los mismos principios. Necesitamos modificar el espacio del baño para que tus artículos sean accesibles al mundo de los pequeños.

- Los paños y toallas deben guardarse en el armario más bajo.

- El jabón líquido o el gel de ducha se pueden guardar en botellas pequeñas de tamaño de viaje para que el niño pueda agarrarlas con la mano y exprimir el contenido.
- Se puede agregar un toallero a la altura del niño en la pared del baño para que tenga un lugar donde colgar su toalla húmeda después del baño.
- Lo que es más importante, dado que todos los lavabos del baño están construidos para acomodar a los adultos, es mejor encontrar alguna forma de elevar al niño para que pueda acceder al lavabo y controlar el flujo de agua. Por lo general, se pueden usar taburetes de madera o plástico para lograr esta hazaña.

Figura 18: se alienta a los niños Montessori a realizar sus funciones de la vida diaria por sí mismos. Se utilizan varios tipos de escaleras de tijera para elevar a los niños al mundo de los adultos.

Trabaja con el espacio que tienes

Si te tomas un momento para leer detenidamente cualquiera de los muchos sitios web, libros o revistas de Montessori, entonces es fácil sentir envidia o desanimarse al mirar las fotografías bellamente renderizadas de aulas Montessori impecables adornadas con sus colores pastel, materiales de madera rica y estilo artístico. Algunos materiales Montessori parecen más una *obra de arte* que una ayuda educativa. Por supuesto, en el mundo real, el *tiempo*, el *espacio* y las *finanzas* siempre son limitados. El hecho de que no puedas construir tu propio salón de clases Montessori de un millón de dólares no significa que no puedas brindarle a tu hijo una educación Montessori estelar, sin importar las instalaciones que tengas a tu disposición.

Muchos practicantes de Montessori han logrado convertir incluso el espacio más humilde en un entorno de aprendizaje próspero. Montessori es un movimiento mundial con practicantes dedicados de todos los ámbitos de la vida.

- Algunas madres Montessori viven en apartamentos estrechos en Nueva York.
- Algunos viven en ranchos espaciosos.
- Algunos viven en chozas en el tercer mundo.
- Algunos viven en casas rodantes o autobuses.
- Algunos viven en casas de árboles.

Cada hogar es diferente. Y cada uno de nosotros está en una batalla constante con las fuerzas de la entropía. El propietario de cada salón de clases Montessori debe aprender a improvisar y adaptarse a cualquier limitación de recursos que encuentre. Recuerda, la propia Dra. Montessori tenía muy poco con qué trabajar en los primeros días de su creación. Y, sin importar dónde te encuentres en tu propio viaje Montessori, es probable que alguna madre (en algún lugar) haya logrado educar a sus hijos con mucho menos.

Cap. 5: un día típico de educación en el hogar Montessori

"Hacemos que el aprendizaje sea difícil para los niños al tratar de enseñarles por medio de métodos de adultos; Sin embargo, la forma natural y feliz de que los niños aprendan es tocando y moviendo objetos sólidos, no tratando de memorizar reglas".

— Dr. María Montessori

En los capítulos anteriores, te presentamos los principios básicos del aula y los materiales que componen la metodología Montessori. También te mostramos cómo configurar su propio salón de clases Montessori en casa y cómo hacer que tu espacio vital sea más accesible para los niños. Pero una vez que hayas logrado llenar la mesa de tu cocina con un arco iris de cuentas, torres y cubos de colores, será el momento de comenzar a aplicar lo que has aprendido.

En este capítulo, describiremos cómo sería un día típico de instrucción Montessori en tu hogar. Presentaremos un cronograma hora por hora y explicaremos nuestro razonamiento detrás de cada bloque de tiempo. Con suerte, al familiarizarte con nuestro horario de clase de ejemplo, podrás elaborar mejor tu propio horario, uno que funcione mejor para tu situación específica y dinámica familiar.

Nuestro horario de clases

La siguiente tabla muestra un programa de muestra típico que puedes usar como plantilla al elaborar el tuyo propio.

- **Período 1**: 07:00 am   Preparándose para la escuela
- **Período 2**: 07:45 am   Configuración del aula
- **Período 3**: 08:00 am   Ritual de bienvenida
- **Período 4**: 08:05 am   Sesión de tiempo de trabajo #1
- **Período 5**: 09:35 am   Hora de la merienda
- **Período 6**: 10:05 am   Sesión de tiempo de trabajo #2
- **Período 7**: 11:45 am   Hora de comer
- **Período 8**: 12:15 pm   Hora del cuento / de tranquilidad
- **Período 9**: 01:45 pm   Artes y manualidades / Tiempo al aire libre
- **Período 10**: 03:00 pm   Limpieza final

Tomemos un momento para describir cada uno de estos períodos de tiempo ahora.

Período 1: preparándose para la escuela

Los educadores en el hogar no dependen de una torre de reloj de ladrillo rojo para *sonar* al comienzo del día escolar. En cambio, nuestro día comienza cuando los niños se despiertan. Así como una madre que utiliza un paradigma escolar convencional debe lavar, vestir, alimentar y preparar a sus hijos para enfrentar al público, la familia que educa en el hogar también debe abordar esta tarea con el mismo grado de rigor. *No*, tú y tus hijos *no* pueden participar en tus actividades de educación en el hogar vestidos con pijamas. En su lugar, debe acercarse a su salón de clases con el mismo atuendo que usaría cuando asistiera a una escuela normal. Seguir esta regla ayuda a preparar mentalmente a ambas partes (a ti y el niño) para el largo día de aprendizaje que se avecina.

Además, debes tener mucho cuidado de recordar a sus familiares y amigos que:

"La hora de la escuela es para la hora de la escuela".

Lo que significa que tú y los niños no pueden ser interrumpidos hasta que termine el día escolar. Probablemente ya seas consciente de la necesidad de esta regla, especialmente si alguna vez has intentado incitar a tus hijos a hacer una tarea en medio de la distracción de parientes parlanchines.

- ¿A la abuela le gusta presentarse con galletas a las 11:00 a. m.?
- ¿Tu vecino chismoso aparece alguna vez para conversar (con café Starbucks y cigarrillos en la mano)?
- ¿Alguna vez tu jardinero (y su ruidosa cortadora de césped) ha hecho notar su presencia en medio de tu lección de matemáticas?
- ¿A tu hermana le gusta reproducir música en su teléfono celular mientras cocina pizza congelada en el microondas en la cocina?
- ¿El tío Leroy está de visita el fin de semana e insiste en jugar su Xbox en el televisor de la sala?

A menudo, la parte más difícil del proceso de educación en el hogar no radica en controlar los comportamientos de tus hijos, sino los comportamientos de sus familiares y amigos. Es por esto por lo que, durante las horas de clase, debes tratar de operar tu hogar como una escuela convencional. Esto significa bloquear las puertas y hacer todo lo posible para evitar que entren distracciones externas en el espacio de trabajo. Su maestro de jardín de infantes local no permitiría que su abuela entrara a su salón de clases durante el horario escolar, y tú tampoco deberías hacerlo.

Comunícate con tus amigos y familiares. Diles que tú eres "una educadora en el hogar profesional ahora". Y que "absolutamente *NO* estás disponible hasta después de las tres en punto en un día escolar determinado".

Período 2: configuración del aula

Una vez que tus hijos estén vestidos y alimentados, y tu prole se haya reunido en el área del salón de clases, entonces es casi la hora de comenzar la mañana del descubrimiento académico. Pero primero, debemos preparar el entorno.

Comenzamos el día asegurándonos de que nuestro pequeño salón de clases esté limpio y ordenado. Los niños pueden contribuir a este proceso tanto como sea posible, dependiendo de sus respectivas edades. Los niños pequeños deben poder barrer, quitar el polvo o limpiar las mesas. Mientras tanto, tu trabajo debe ser invocar su plan de lección (que debería haberse preparado la noche anterior) y asegurarte de que el salón de clases esté listo para un día de instrucción Montessori.

- Extiende colchonetas para que los niños se sienten.
- Silencia todos los teléfonos celulares, contestadores automáticos y televisores.

- Retira cualquier elemento no esencial (que distraiga) del campo de visión de los niños.
- Recupera cualquier material Montessori necesario de tus ubicaciones de almacenamiento auxiliar.

Recuerda, los niños anhelan la previsibilidad y la rutina. Obtienen una sensación de seguridad y confianza cuando se les pide que ejecuten habilidades que ya dominan. La participación del niño en el acto de simplemente "preparar la habitación Montessori" no solo beneficiará a una madre ocupada, sino que también ayudará a poner al niño en el estado de ánimo correcto e introducirá la noción de que *"él es un contribuyente valioso para el grupo"*.

Período 3: ritual de bienvenida

Cada día escolar debe comenzar con un ritual de bienvenida, un breve ejercicio que tanto la madre como el niño usan para designar el comienzo del día. Podría implicar:

- Cantar una canción de bienvenida por la mañana.
- Recitar una promesa de trabajar duro y afrontar nuevos retos.
- Escribir una entrada en un libro de registro que indique la fecha actual y tal vez una observación sobre el tiempo (p. ej., "hoy está nevando" o "lluvia" o "soleado").
- O tal vez simplemente se le podría pedir al niño que use un bolígrafo rojo para poner una "X" en la celda que marca la fecha de hoy en su calendario de pared.

El tipo de ritual de bienvenida que elijas es una preocupación secundaria. Lo importante es que hagas *algún* tipo de ejercicio ritual para empezar el día. Participar en una ceremonia de bienvenida ayuda a preparar la mente del niño. Enfoca su atención en las tareas que tiene por delante y solidifica la noción de que *"es hora de aprender ahora"*.

Período 4: sesión de tiempo de trabajo #1

Después del ritual de bienvenida, los niños finalmente pueden comenzar a "trabajar". El trabajo de su hijo dependerá de su edad y de sus objetivos de aprendizaje para el día. Sin embargo, ten en cuenta que los niños (al igual que los adultos) suelen ser más capaces de abordar conceptos más desafiantes al comienzo del día cuando su cerebro está bien descansado y es posible alcanzar niveles más profundos de concentración. Éste suele ser el mejor momento para repasar conceptos más complejos y utilizar la *Lección de tres períodos* (como se explica en el Capítulo 3) para introducir nuevos materiales o ejercicios.

Si tu niño pequeño parece tener el corazón puesto en interactuar con un material Montessori específico, uno con el que está familiarizado y no requiere instrucción sobre su uso, entonces podría ser mejor sentarse y dejar que trabaje con él por un tiempo. La Dra. Montessori usó el término "ciclo de trabajo" para describir bloques de tiempo de exploración personal. Para los niños pequeños, un ciclo de trabajo puede durar alrededor de una hora y media. Durante este tiempo, el niño puede entrar en un período de intensa concentración en el que mostrará un interés especialmente fuerte en dominar la actividad. Durante esos momentos, generalmente es mejor adoptar un enfoque de *laissez-faire* para el proceso de aprendizaje, asegurándose solo de que tiene todo lo que necesita para mantener su curso de acción actual.

Cuando su ciclo de trabajo finalmente comienza a disminuir (cuando el niño ya no desea interactuar con el material), entonces esta es la oportunidad de la madre para asegurarse de que vuelva a empaquetar el material correctamente y lo devuelva a su área de almacenamiento designada. Si todavía queda tiempo en el período, la madre puede ayudarlo a hacer la transición al siguiente ejercicio o seleccionar un nuevo material con el que trabajar.

Período 5: hora de la merienda

Después de concluir la sesión de tiempo de trabajo n.º 1, hacemos una pausa para ofrecer un refrigerio saludable. Durante la preparación de las comidas, tratamos de incluir a los niños en la tarea de colocar los platos y otros utensilios. Dichas tareas deben explicarse al niño de la misma manera que explicaría cualquier otra parte del plan de estudios Montessori. Las actividades pueden incluir:

- Lavarse las manos.
- Ir a buscar tazones y tazas.
- Preparar servilletas y platos.
- Etc.

Además, una vez terminada la comida, los niños pueden lavar y devolver sus tazones al mostrador de la cocina al igual que devuelven los materiales Montessori al estante de actividades.

Período 6: sesión de tiempo de trabajo #2

La sesión de tiempo de trabajo n# 2 no es diferente a la sesión de tiempo de trabajo n# 1. El niño puede ser libre de elegir sus propios materiales Montessori para interactuar. O bien, la madre podría intentar alguna instrucción adicional con algunos de los ejercicios más interactivos. Durante este período, nos acercaremos a la hora del mediodía. Así que la paciencia y la perseverancia del niño comenzarán a decaer. Por esta razón, es importante que la madre estructure cuidadosamente las transiciones entre actividades. Evita largas demoras o períodos de espera durante los cuales los niños puedan ponerse quisquillosos y portarse mal debido a la inactividad.

Por otro lado, no sientas que debes interrumpir inmediatamente una lección en el momento en que notas que la atención del niño está fallando. La Dra. Montessori identificó un fenómeno que denominó **"falsa fatiga"**. Describe la tendencia que tienen los niños de volverse inquietos y deambular por el salón de clases a medida que avanza el día. Puede ser tentador tomar esto como una señal para guardar los materiales de entrenamiento y salir a dar una voltereta. Pero si te detienes un momento y lo animas a seguir trabajando, es posible que notes que se tranquilizará y regresará a algo más laborioso. Curiosamente, las sesiones más productivas del niño pueden seguir a estos curiosos momentos de *falsa fatiga*.

Período 7: hora del almuerzo

Se espera que los niños participen en el proceso de instalación y limpieza para el período del almuerzo tal como lo hicieron durante el período de la merienda. Por supuesto, con niños pequeños, esto no siempre es posible, especialmente cuando están en juego estufas calientes, cuchillos y tazones pesados. Pero trate de involucrar a los niños siempre que sea posible.

Las comidas tienen el doble beneficio de proporcionar un momento oportuno para practicar las habilidades sociales. La madre puede modelar muestras típicas de decoro social como:

- Decir "por favor" y "gracias".
- Hacer contacto visual al hablar.
- Usar una servilleta.
- Masticar con la boca cerrada.
- Etc.

En Montessori, la "**educación del carácter**" es un concepto que comúnmente se considera tan importante como el progreso académico. Este término es emblemático de nuestra deseada meta de desarrollo de autonomía. Esta es la razón por la que los niños Montessori dominan las habilidades relacionadas con el cuidado personal (como abotonarse, vestirse y lavarse las manos), así como el cuidado del entorno de clase (como lavar, barrer y regar las plantas). El desarrollo de las habilidades sociales generales también se incluye en el ámbito de este término. Se espera que los niños Montessori naveguen en su comunidad con gracia, siempre siendo considerados, serviciales, respetuosos, educados y de buen comportamiento.

Período 8: tiempo de cuentos o tiempo de silencio

Para garantizar que se conserven los niveles de energía, los niños pequeños a menudo necesitan un poco de tranquilidad después del almuerzo. Esto podría venir en forma de siesta. Pero también podría ser una oportunidad para aprender. Los niños mayores pueden disfrutar de una historia. El mero acto de escuchar la palabra hablada es una parte integral del proceso de desarrollo del lenguaje. Para facilitar la transición del "tiempo de trabajo" al "tiempo de lectura", muchas aulas Montessori cuentan con un "rincón tranquilo" o un "rincón de lectura".

Cuando lea a los niños, trate de hablar con claridad (evite el lenguaje infantil) y no se apresure a leer cada página. En su lugar, tómate un momento para revisar las imágenes y pronunciar los nombres de los objetos que aparecen alrededor del texto de la página.

Además de leer y dormir la siesta, otras actividades para el rincón tranquilo pueden incluir:

- Rompecabezas.
- Muñecas.
- Arte.
- Peluches.
- Etc.

Período 9: artes y manualidades o tiempo al aire libre

Después de que se completa el tiempo de tranquilidad, generalmente pasamos a artes y manualidades o actividades al aire libre. Las actividades al aire libre pueden incluir una caminata por la naturaleza (en la que los niños aprenden sobre plantas, pájaros o geología), o pueden implicar actividad física (como fútbol, saltar la cuerda, jugar al escondite o atrapar). Hay muchos ejercicios influenciados por Montessori que son populares entre los niños al aire libre, y los discutiremos más en el próximo capítulo.

Las artes y manualidades son (por supuesto) una parte importante del plan de estudios de cualquier niño pequeño. Es vital ofrecer a los niños múltiples formas de expresar sus sentimientos, experiencias e ideas. Los materiales del Artes y manualidades deben mantenerse listos para esos momentos en los que llega la inspiración.

Aquí hay algunas pautas generales:

- Dar al niño la libertad de decidir lo que quiere dibujar. No frustres su espontaneidad y autoexpresión exigiéndole que

dibuje cosas específicas de acuerdo con un conjunto de instrucciones preexistentes.
- Abstenerse de criticar el intento del niño en el arte. Acepta su definición de lo que ha dibujado, incluso si su interpretación carece de un toque artístico.
- Considera a qué objetivos de desarrollo te diriges, ya sea practicar habilidades motoras finas, aprender sobre los colores, aprender a trabajar con tijeras de manera segura o simplemente disfrutar el acto de creación.
- Recuerda demostrar el uso adecuado de los materiales antes de dárselos al niño. Esto asegura que la coloración se realice solo en el papel, no en la mesa, las paredes ni en otros niños.

Período 10: limpieza final

Como hemos enfatizado repetidamente a lo largo de este libro, el proceso de limpieza es una parte integral del plan de estudios Montessori. En este período final del día escolar, los niños deben ayudar a restaurar el aula a su estado predeterminado. En un entorno de educación en el hogar, esto podría implicar revertir la mesa de la cocina de un *lugar para aprender* a un *lugar para comer*.

Cuando finaliza el proceso de limpieza, concluimos con un ritual final, similar al *ritual de bienvenida* que comenzó nuestro día escolar. Esto podría implicar cantar una canción simple o realizar un canto rápido y aplaudido que anuncie que nuestra jornada laboral ha terminado. En un entorno de educación en el hogar, esta ceremonia marca el final de su "rol de maestro" y te permite regresar al rol de "mamá". Hablaremos más sobre esta transición psicológica en el Capítulo 7.

Dado que nuestro día escolar termina alrededor de las tres en punto, todavía queda algo de tiempo para las tareas del hogar, las compras y otras actividades extracurriculares como clases de natación, gimnasia, fútbol o clases de balé.

Trabajando en tus propios términos

Con suerte, estás comenzando a comprender la esencia de la filosofía Montessori y el razonamiento detrás de sus muchos rituales y rutinas. El esquema anterior refleja simplemente un posible horario diario Montessori. No tienes que adoptar la misma estructura rígida para todos los días de la semana. Con el tiempo, deberías poder utilizar nuestra rutina diaria propuesta como plantilla para crear una que se adapte a su situación de vida específica. Sin duda, este cronograma evolucionará con el tiempo y dependerá de muchos factores, tales como:

- La edad de tus hijos.
- El número de niños en tu hogar.
- La *diferencia de edad* entre tus hijos.
- La cantidad de tiempo que tienes disponible para dedicar a la instrucción.
- Y, el número de socios (u otros miembros de la familia) que están dispuestos a ayudar.

Toda madre debe aprender a hacer malabarismos con cien pelotas a la vez. Pero la belleza de la educación en el hogar radica en su flexibilidad. La pedagogía que selecciones se puede modificar para evolucionar y cambiar junto con las necesidades específicas de tu familia. Los niños pequeños generalmente estarán felices de seguir el flujo del hogar, especialmente si su enfoque es consistente y justo.

Ten en cuenta que, en el desarrollo infantil, rara vez hay solo "una forma adecuada de hacer las cosas".

- No tienes que ser un experto Montessori.
- No tienes que ser el mejor maestro del mundo.
- No necesitas un título en psicología infantil.

Si haces lo mejor que puedes y dedicas tiempo a tus hijos, entonces llegarán a amarte y respetarte, independientemente de tus errores.

Cap. 6: actividades al aire libre

"La mano también, por lo tanto, necesita su propia preparación. Lo que se necesita antes de escribir realmente es aprender a escribir por medio de una serie de ejercicios interesantes que forman una especie de gimnasia similar a las que se usan para dar agilidad a los músculos del cuerpo".

— Dr. María Montessori

La mayor parte del currículo Montessori se enfoca en incitar eventos de aprendizaje en un ambiente interior ordenado. Pero no podemos mantener a nuestros hijos encerrados para siempre. El salón de clases Montessori proporciona un lugar para que el niño busque su *mundo interior* (el mundo de la mente) donde la *imaginación* y la *perspicacia* son las herramientas que utiliza para explorar. Sin embargo, al exponer al niño a las glorias de la naturaleza, su mente queda libre para consumir también los variados estímulos visuales del *mundo exterior*.

La naturaleza es el hogar de un entorno rico y en constante cambio de experiencias sensoriales novedosas que están en constante cambio con las estaciones. Además, las aventuras al aire libre son una excelente manera para que los niños quemen el exceso de energía. Los niños son criaturas de alta energía. Necesitan oportunidades para correr, trepar, gatear y hacer ejercicio. En un entorno escolar convencional, los períodos de "tiempo de aprendizaje en el interior" se complementan con intervalos de juego al aire libre (generalmente denominado "receso" en las escuelas estadounidenses). Pero, en el entorno de la educación en el hogar, no nos rige el sonido de las campanas de la escuela. Y es posible que el hogar del educador en el hogar no esté ubicado junto a un patio de recreo o una instalación de actividades al aire libre. Por lo tanto, es común que las nuevas madres que educan en el hogar no aprecien las propiedades rejuvenecedoras del recreo. Mientras que a los adultos no les importa quedarse en casa durante ocho horas ininterrumpidas de trabajo de oficina, los niños necesitan descansos frecuentes. Por lo tanto, cuando estés elaborando tu horario de clases diario, considera inyectar momentos para la actividad física al aire libre. Exponer a un niño al aire libre:

- Ayuda en el desarrollo de sus habilidades motoras gruesas.
- Le proporciona una dosis de vitamina D del sol.
- Lo expone a nuevas experiencias táctiles.
- Le permite desarrollar confianza en sí mismo a través de la exploración de nuevos espacios al aire libre.
- Reduce el estrés y la agresión relacionada con el estrés.
- Fomenta el juego colaborativo con otros niños.
- Y fomenta la comprensión de los sistemas biológicos naturales.

Dados los muchos beneficios de las maravillas de la naturaleza, nos tomaremos un momento en este capítulo para analizar algunas formas en las que puedes llevar la experiencia Montessori al aire libre.

¿Qué hace un buen ambiente al aire libre?

Hay muchos tipos de ambientes al aire libre en los que los niños pueden prosperar. Pero no todos los espacios al aire libre son iguales. Las características del espacio afectarán la forma en que tus hijos interactúan con él. Así como puede aprender a reconocer un buen salón de clases Montessori de uno malo, también puede aprender a reconocer un entorno constructivo al aire libre. Un espacio al aire libre viable idealmente contará con áreas para múltiples tipos de actividades. Vamos a enumerar algunos ejemplos aquí:

- **Espacio de juego para todo el cuerpo** - Para desarrollar sus músculos, los niños necesitan un lugar para correr, saltar y trepar. Los parques locales a menudo cuentan con equipos de juegos como columpios, tiovivos y juegos infantiles que son excelentes para incitar a los niños a hacer ejercicio físico.
- **Espacio práctico** - Esta es un área donde los niños pueden desarrollar su motricidad fina. Los areneros sobresalen en este dominio, especialmente cuando están equipados con palas, moldes u otras herramientas de construcción.
- **Área silvestre** - Es bueno que los niños estén expuestos a áreas boscosas vírgenes para que puedan desarrollar una comprensión del estado natural del medio ambiente.
- **Área Social** - Este podría ser un espacio menos bullicioso, tal vez situado cerca de bancos, mesas de picnic o debajo de un árbol. Sirve como un área para que los niños jueguen, socialicen y participen en otras actividades al aire libre (menos extenuantes físicamente).
- **Espacio de juego dramático** - Los niños con una gran imaginación pueden sentirse atraídos por las áreas de juegos

dramáticos al aire libre. Dichos espacios a menudo incluyen una casa de juegos para niños, plataformas elevadas, casas en los árboles y otros accesorios similares para juegos de rol.

Es probable que haya muchos espacios alrededor de tu hogar que cumplan con algunos de estos criterios. No es necesario que todas las características estén representadas en todos los entornos al aire libre. Solo es necesario que sus excursiones de educación en el hogar promuevan el aprendizaje al aire libre y el desarrollo personal de alguna manera. Los niños suelen ser lo suficientemente emocionales como para que *cualquier* cambio de escenario sea bienvenido. Las ubicaciones candidatas típicas incluyen:

- Parques locales.
- Playas.
- Reservas naturales.
- Santuarios de vida silvestre.
- Zoológicos de mascotas.
- Jardines comunitarios.
- Mercados de agricultores.
- Ferias locales.
- Museos.
- Centros de ciencia.

Muchos de estos espacios al aire libre brindan a los niños la oportunidad de aprender sobre su mundo natural, así como sobre las comunidades en las que viven. Al evaluar el espacio, aquí hay algunas preguntas adicionales que debe considerar antes de visitar a tus hijos.

Pregunta 1. ¿El equipo es accesible para tus pequeños?
Para asegurarse de que los niños puedan guiarse por sí mismos a través de sus actividades de juego en el espacio al aire libre, es

importante que tengan fácil acceso a todo el equipo disponible. Algunos parques cuentan con servicios dirigidos a niños mayores o adolescentes. Así que asegúrate de que tu espacio elegido sea apto para familias. Además, trata de seleccionar áreas que tengan acceso a:

- Estructuras sombreadas.
- Agua potable.
- Baños.
- Almacenamiento diurno.
- Y acceso a un espacio interior alternativo si cambia el clima.

Pregunta 2. ¿Es segura el área?

A pesar de tus mejores esfuerzos, los niños pequeños tendrán algunos golpes y moretones cuando jueguen afuera. Pero si tomas algunas precauciones, puedes minimizar el potencial de daño. Realiza una breve inspección de seguridad y busca:

- Equipo de juegos roto.
- Tuercas y pernos que sobresalen.
- Metal oxidado
- Pintura descascarada o descascarada.
- Bordes afilados.
- Superficies de madera sin terminar.
- Grietas que sobresalen del concreto irregular.

Pregunta 3. ¿Tienes un procedimiento para que tus hijos sepan cuándo ha terminado el tiempo de juego?

La cantidad mínima de tiempo asignado para jugar al aire libre debe ser de aproximadamente 30 minutos por cada 3 horas que pasen en el interior (si el clima lo permite). Así como todos los niños de la escuela convencional saben que deben regresar a clase cuando suene la campana, también se debes esperar que tus hijos regresen a casa con un calibre similar de puntualidad. Esto puede ser particularmente desafiante para los niños que educan en el hogar y juegan con otros niños en un entorno comunitario como un parque local. Es posible que tus hijos se muestren reacios a abandonar el gimnasio de la jungla cuando se dan cuenta de que los otros niños (en un horario diferente) todavía pueden jugar en él. Puedes abordar este problema asegurándote de que exista una división firme entre el espacio interior y exterior. Y que se debe cumplir con el horario diario. Si a menudo es negligente con tu horario, entonces tus hijos asumirán que es negligente con tus demandas cuando exclames: "Es hora de irse". Pero si tus hijos saben que "mamá siempre cumple con el horario", entonces su resistencia será más manejable.

Actividades al aire libre para niños pequeños

Para los más pequeños, explorar el mundo natural a través de sus nuevos ojos puede resultar en muchas experiencias impresionantes. A medida que aumenta la edad de tu hijo, también aumentarán su altura, sus niveles de energía y su fuerza muscular. En esta sección, enumeraremos algunas ideas de actividades al aire libre que puede hacer con tus hijos sin ningún equipo complejo al aire libre. Dado que muchas madres Montessori tienen hijos de diferentes rangos de edad, es posible que debas calibrar los niveles de juego para adaptarte a la edad de tus hijos.

Actividad 1: luz roja, luz verde

Un gran juego tanto para aprender comandos como para quemar energía comienza haciendo que los niños se alineen para una carrera. Cuando diga "luz verde", los niños pueden correr. Cuando dices "luz roja", se detienen. Cualquier persona sorprendida corriendo durante una luz roja es enviada de regreso a la línea de salida.

Actividad 2: escalada

Ya sea en los árboles o en la pared de escalada de un parque infantil, a los niños les encanta escalar. Puedes agregar al desafío haciendo que los niños corran, o incluso jugando el juego "luz roja, luz verde" mientras los niños están en la pared de escalada.

Actividad 3: mayordomía al aire libre

Se debe inculcar a los niños un sentido del deber y la administración de su entorno interior *y* exterior. Ordenar el patio trasero puede ser una oportunidad para la educación. Incluso los más pequeños pueden hacer tareas sencillas al aire libre como regar las plantas, rastrillar las hojas y recoger restos de basura.

Los jardines son un gran lugar para que los niños aprendan sobre los ciclos de vida naturales de las plantas. Obtén algunas semillas para una planta, flor o enredadera local, y deja que tus hijos atiendan el minijardín durante todo el año. Los niños que tienen la suerte de experimentar el largo proceso de nutrir sus propios alimentos desarrollarán un mayor aprecio por la agricultura y una mejor comprensión de dónde proviene su comida.

Actividad 4: tiza para la acera

La tiza para aceras se puede usar para desarrollar habilidades artísticas, lingüísticas y matemáticas. Los niños pueden elegir hacer dibujos o practicar la escritura de letras y números. Para enseñar a contar, considera apilar piedras pequeñas sobre la acera y luego pídele al niño que use la tiza para escribir la cantidad de piedras que hay en la pila. Por ejemplo, si colocas una pila de tres piedras delante de él, él debe escribir el número 3 en la acera frente a la pila.

Actividad 5: búsqueda del tesoro

La búsqueda del tesoro es otro clásico de la infancia que se puede convertir fácilmente en una lección. Esconde algunos artículos del hogar en el patio y pídeles a los niños que los encuentren por su nombre. Otra variación de este juego consiste en pedirles a los niños que encuentren elementos naturales en el área exterior, como hojas, dientes de león o tréboles. A medida que cambian las estaciones, puede intentar aplicar un mayor énfasis en los objetos de temporada. Por ejemplo, en otoño puede pedirles a los niños que busquen hojas de color rojo o naranja. Alternativamente, puedes hacer que los niños den un paseo por la naturaleza y recojan tres artículos únicos. Luego reúne al grupo y haz que cada niño cuente una historia sobre los objetos que recuperaron.

Actividad 6: etiqueta

Este clásico juego infantil es una excelente manera de hacer que los niños se muevan. Y las reglas son lo suficientemente simples para que los más pequeños las aprendan fácilmente. Curiosamente, muchos mamíferos, incluidos gorilas, alces y canguros, juegan al juego de la etiqueta. Es posible que el *deseo* innato de *perseguir* sea representativo de los antiguos mecanismos evolutivos que nos incitan a aumentar nuestra fuerza muscular.

Actividad 7: imágenes en las nubes

Finalmente, para una experiencia más contemplativa, prueba con "imágenes en las nubes". Esta es una gran actividad para enseñar a los niños a disfrutar del tiempo de tranquilidad. En un día levemente nublado, acuéstate en un área cubierta de hierba. Mira hacia las nubes y pide a los niños que describan las formas que ven. Esto desarrolla su imaginación y habilidades de observación.

Actividad 8: chapoteando en charcos

Las inclemencias del tiempo a menudo significan que se cancela el recreo. Pero si la temperatura no ha bajado demasiado, considera darles a los niños un momento para jugar bajo la lluvia. Siempre que tus hijos estén vestidos apropiadamente, puede ser un día de aventuras. Permite a los niños el deleite sensorial de chapotear en los charcos y déjalos experimentar la novedad de jugar en espacios familiares que se ven alterados por diferentes escenarios climáticos (como la lluvia y la nieve). Solo asegúrate de tener un plan para calentar y secar a tus hijos cuando regresen a la casa.

Cap. 7: entendiendo el rol de padres y maestros

> "[La gran capacidad del niño para el aprendizaje autodirigido ha estado] hasta ahora escondida bajo el manto de la maternidad... Se decía que era la madre quien le enseñaba a su hijo a hablar, caminar y hablar. Pero no es la madre, sino el propio niño, quien espontáneamente hace estas cosas".
>
> — Dr. María Montessori

Aunque es natural que las madres busquen criar a sus hijos (y resolver cada uno de sus problemas por ellos), en Montessori, no vemos al niño como un "pequeño ser indefenso" que merece ser mimado y entretenido en absoluto por horas del día. Por el contrario, la Dra. Montessori vio a los niños como *adultos en desarrollo*, capaces de establecer sus propias metas y trabajar para lograrlas de manera autónoma.

Uno de los pasos más desafiantes para adoptar la filosofía de educación en el hogar Montessori no radica en los aspectos prácticos (como organizar su salón de clases en casa o adquirir materiales), sino en la transición del rol de madre al rol de maestra. Aprender a adoptar diferentes roles para las diferentes etapas del día puede resultar desconcertante para los nuevos padres Montessori.

Entonces, en este capítulo, proporcionaremos algunos consejos que deberían ayudar a facilitar esta transición.

Consejo 1: establece una división firme entre la escuela y el tiempo libre

Si lees literatura Montessori contemporánea, notarás que el área en la que tus hijos aprenden tiene muchos nombres:

- Sala de juegos.
- Área de trabajo.
- Mesa de trabajo.
- Rincón de lectura.
- Estación de artes y oficios.
- Etc.

Todos estos términos son comparables en su capacidad para describir el área en la que tu hijo trabajará, aprenderá e interactuará con los materiales y ejercicios Montessori. Pero, como habrás notado, en este libro siempre nos referimos a este lugar como "el salón de clases". Al usar esta etiqueta, esperamos enmarcar adecuadamente el entorno de aprendizaje. Incluso si el salón de clases de su casa solo tiene un estudiante y solo consiste en una mesa de cocina o un solo tapete colocado en el piso de su sala de estar, eso no importa. Durante la jornada laboral, *esta* área es su "aula". Y debes aprender a tratarlo como tal.

Se deben hacer esfuerzos para distinguir el área del salón de clases del resto de la casa. Si el espacio es limitado, use particiones para acordonar el área y bloquear las distracciones. En el Capítulo 5 discutimos la importancia de comenzar y terminar cada día de trabajo con un ritual de apertura y cierre. En apartamentos pequeños, este ritual puede incluir preparar el área de trabajo para el aprendizaje. Por ejemplo, los niños pueden ayudar a convertir su cocina en un salón de clases cerrando cortinas, recuperando materiales y guardando artículos de cocina auxiliares que no serán necesarios durante el día escolar.

El problema solo surge si no tienes una rutina específica para tu conversión diaria en el aula. Si tus hijos están deambulando alrededor de la mesa de la cocina toda la mañana mientras luchas por encontrar un lugar novedoso para tu frutero, entonces es cuando comienzan las travesuras. Es por eso por lo que debes tener en cuenta cada transición durante el día escolar.

- ¿Cómo comienzas el día escolar?
- ¿Cómo haces la transición del tiempo de clase al tiempo de juego?
- ¿Cómo haces la transición entre la hora del recreo y la hora del almuerzo?
- ¿Cómo haces la transición de jugar afuera a estudiar adentro?
- ¿Cómo terminas el día escolar?

Para la mamá que educa en casa, el diablo está en las transiciones. Sus intrusiones diabólicas solo pueden mitigarse mediante la utilización de una rutina diaria, un conjunto de reglas básicas firmes para la interacción en el aula y procedimientos estrictos para mantener un entorno ordenado.

Consejo 2: estar preparado

En las primeras etapas de la educación en el hogar, es posible que te sientas inseguro acerca de tus propias habilidades de enseñanza. Además, es posible que no estés seguro de qué debe hacer exactamente tu hijo en un momento dado del día. Es por eso por lo que preparar una buena rutina o plan de lecciones es tan vital para garantizar que tu día transcurra a la perfección. Si compras un nuevo material Montessori y pasas los primeros veinte minutos de la mañana leyendo sus instrucciones mientras tu hijo se sienta frente a ti (estudiándote con una mirada aturdida en su rostro), entonces no estás manifestando un aire de confianza. Los niños se darán cuenta rápidamente de tu incompetencia y reflejarán tus comportamientos irresponsables.

Por lo tanto, tómate en serio tu nuevo rol. Acércalo con el mismo rigor que adoptarías si estuvieras empleado para enseñar una clase de 40 niños universitarios. Una buena maestra no intentaría leer instrucciones o aprender una nueva técnica de enseñanza mientras tiene una clase de 40 estudiantes mirándola fijamente. En cambio, prepararía su plan de lecciones la noche anterior.

Consejo 3: armoniza tu rol de padre/maestro

Para los nuevos educadores en el hogar Montessori, puede ser difícil desempeñar el papel de madre y maestra. El niño ya no es sólo tu hijo. Él también es tu alumno. Esto viene con un conjunto diferente de comportamientos y expectativas. Tal cambio en las normas del hogar puede ser difícil para ambas partes. Pero los niños pequeños se acostumbrarán fácilmente al nuevo entorno si la mamá les muestra el camino.

Al avanzar, es mejor si permanece consciente de las sutiles diferencias de comportamiento que deben mantenerse cuando se comunica con tu hijo, especialmente cuando cambias de rol. Ser una buena madre implica brindar apoyo emocional, alimento, cobijo, seguridad y amor. Las emociones y las frustraciones a menudo son compartidas libremente por varios miembros de la familia. Y, cuando surgen emociones negativas, pueden expresarse libremente, ya que se espera que la madre brinde consejos.

Sin embargo, el papel del *maestro* es diferente. Un buen maestro Montessori proporcionará un entorno estimulante en el que un niño pueda prosperar. Pero no se permite hacer la tarea del niño por él. Un proceso de aprendizaje autodirigido a menudo pide a la madre que haga caso omiso de sus instintos maternales. Como escribió la Dra. Montessori:

> **Nunca ayudes a un niño con una tarea en la que sientas que puede tener éxito.**

Esto requiere el mantenimiento de una cierta distancia emocional durante el tiempo de clase. La frustración de un niño no siempre debe verse obstaculizada por el toque de una madre. El niño no debe llegar a depender de la ayuda de mamá para satisfacer sus frustraciones. En cambio, un buen maestro sabrá cuándo se debe permitir que el niño camine solo por su camino. A veces, el verdadero aprendizaje solo puede ocurrir después de varios tropiezos agonizantes.

Consejo 4: involucra y haz tomar conciencia a toda tu familia

Criar a un niño requiere mucho trabajo. Si tú eres uno de los pocos valientes que decide criar y educar en casa su hijo, entonces tu carga de trabajo se multiplica. Pero esto no significa necesariamente que tengas que hacerlo todo tú misma. La educación en el hogar se lleva a cabo en el hogar (por supuesto). Lo que significa que es (por definición) un asunto de familia. En este libro, nos hemos centrado en la relación madre-hijo porque la educación Montessori temprana tiende a depender de insumos y decisiones que ejecuta la mitad femenina de la unidad parental. Pero esto no significa que los padres no tengan un papel que desempeñar.

La mayoría de los entornos de educación en el hogar utilizan un "paradigma del sostén de la familia", en el que se espera que uno de los padres gane dinero mientras que el otro dedica tiempo a enseñar a los niños durante el día. Pero incluso si su cónyuge no está presente durante gran parte del día escolar, sigue siendo esencial que él o ella conozca y apoye las metas educativas del hogar. En el Capítulo 5 discutimos la importancia de mantener el área del salón de clases libre de vecinos parlanchines o abuelas que llevan galletas durante el horario escolar. Pero, si su esposo llega a casa e interrumpe su sesión de enseñanza de manera similar, entonces esto tiene un efecto igualmente perjudicial sobre toda la empresa. Es por eso por lo que una buena madre que educa en el hogar debe asegurarse de que todos los miembros del hogar (incluidos los esposos, los adolescentes y el tío Leroy) estén todos a bordo. Cada uno debe ser consciente del deber que está realizando y consciente de su propio potencial para *sacudir el barco* si interrumpen el flujo de trabajo de su salón de clases.

Afortunadamente, la mayoría de los miembros de la familia estarán dispuestos a ayudar una vez que vean la cantidad de esfuerzo que está poniendo en el proceso. Cuando sea posible, intenta capitalizar las fortalezas de cada miembro.

- ¿A papá le gusta el atletismo?
- ¿Al tío Leroy le gusta trabajar la madera?
- ¿A la hermana mayor de tu hijo le gustan las matemáticas?
- ¿A tu vecino le gusta observar aves?

- ¿A tu tía le gusta ir al zoológico los fines de semana?
- ¿Es tu suegra una viajera mundial?
- ¿Tu primo trabaja en un museo?
- ¿Tu abuela tiene una historia interesante que contar sobre los viejos tiempos?

Está siempre atento a posibles oportunidades de aprendizaje que aprovechen el conjunto de habilidades de quienes te rodean. Y no dudes en pedir ayuda. La mayoría de las personas aprovecharán la oportunidad de hacer una demostración sobre la carrera o el pasatiempo que eligieron, principalmente porque rara vez se les pregunta sobre tales cosas en detalle.

Lo más importante es mantener a tu pareja informada sobre el progreso de tu hijo. Así como se espera que asista a las reuniones de padres en una escuela convencional, también se debe esperar que se mantenga al tanto de los eventos diarios y los hitos educativos. El hecho de que tú seas el operador de una "educación en el hogar" no significa que las reglas de operación puedan ser menos extenuantes. Todo lo contrario. Elaborar un *modus operandi* confiable es esencial si deseas armonizar el proceso educativo con las exigencias caóticas de la vida hogareña. Esforzarse siempre por evolucionar y perfeccionar este proceso es una búsqueda constante en la que toda nueva madre Montessori debe participar. No te preocupes, el proceso no tiene por qué ser agotador. Las nuevas madres que educan en el hogar a menudo desarrollan rápidamente sus habilidades de improvisación, adaptando ingeniosamente sus planes de lecciones para adaptarse al territorio en el que se encuentran.

Consejo 5: no presiones demasiado

A diferencia de un maestro de escuela convencional, tu papel como "madre que educa en el hogar" significa que tú estás *personal, emocional* y *financieramente* comprometida con el éxito de tu estudiante. Esta comprensión puede hacer que algunas madres presionen demasiado a sus hijos. A menudo hay una gran divergencia entre la vida que te gustaría que tu hijo siguiera y la que él realmente quiere seguir. Durante una reunión de madres que educan en el hogar, es muy común encontrarse con un grupo de mujeres que han trazado meticulosamente la trayectoria profesional de su hijo, a pesar de que todavía usa pañales.

A medida que se vuelve más competente con sus propias habilidades de educación en el hogar, puedes verte tentada a participar en una práctica similar. Pero, como escribió una vez la Dra. Montessori, el trabajo del instructor es:

> **Preparar el camino, hazte a un lado y deja que el niño camine.**

Si te das cuenta de que presionas demasiado a tu hijo, trata de recordar que todos los niños nacen con su propio conjunto innato de talentos y deseos. Merecen la libertad de desarrollar al máximo su propio *potencial personal*, no su *potencial percibido*. Por eso Montessori pone tanto énfasis en la autonomía. No podemos obligar a las flores de nuestro jardín a florecer de acuerdo con nuestro propio conjunto egoísta de especificaciones. Todo lo que podemos hacer es esforzarnos por proporcionarles las mejores semillas y la mejor tierra posible. Como lo expresó el genetista conductual Dr. Robert Plomin:

> En lugar de tratar de moldear a los niños a nuestra imagen, podemos ayudarlos a descubrir lo que les gusta hacer y lo que hacen bien. Podemos tratar de forzar nuestros sueños en nuestros hijos, por ejemplo, que se conviertan en músicos de clase mundial o atletas estrella. Pero es poco probable que tengamos éxito a menos que sigamos el flujo genético. Si tratamos de nadar contra la corriente, corremos el riesgo de dañar nuestra relación con ellos... Espero que éste sea un mensaje liberador, que alivie a los padres de parte de la ansiedad y la culpa acumulada sobre ellos... Los libros [de educación infantil contemporánea] pueden asustarnos para que pensemos que un paso en falso puede arruinar a nuestro hijo para siempre. Espero que este mensaje... libere a los padres de la ilusión de que el éxito futuro de un niño depende de cuánto los presionen. En cambio, los padres deben relajarse y disfrutar de la relación con sus hijos sin sentir la necesidad de moldearlos. Parte de este disfrute está en ver a sus hijos convertirse en lo que son.

Cap. 8: cómo manejar los conflictos y las rabietas

"El niño que tiene que sentarse quieto escuchando a un maestro está en el peor estado mental y físico posible para aprender. Asimismo, el niño cuya vida en el hogar está estrictamente ordenada según la conveniencia de los adultos... está en [un mal estado similar]".

— Dr. María Montessori

Como toda nueva madre sabe, la entrada de un niño en los "terribles dos años" marca el surgimiento de un nuevo conjunto de comportamientos tediosos. Su bebé, una vez dócil, ahora puede ser propenso a participar en demostraciones transitorias de ira, rabia y llamadas de atención (comúnmente conocidas como "berrinches"). Ningún padre debe asumir que tiene la culpa de tal ultraje. Incluso el hijo de la madre más compasiva del mundo seguirá teniendo arrebatos irracionales ocasionales. Los niños pequeños aún no poseen completamente la capacidad de ser racionales durante los momentos de angustia. Solo están reaccionando a la ráfaga de experiencias sensoriales que azotan sus ojos y oídos. Su floreciente mente consciente está aprendiendo a lidiar con las agudas punzadas de la emoción humana por primera vez. Además, los niños pequeños aún no poseen un léxico para expresar su incomodidad. Entonces, para desahogar su agresión, todo lo que pueden hacer es gritar.

Los practicantes contemporáneos de Montessori no están de acuerdo sobre los mejores medios por los cuales se debe buscar la resolución de conflictos para los niños pequeños. Pero nuestros esfuerzos están guiados por los componentes integrales de la pedagogía, a saber: respeto mutuo, responsabilidad personal y manejo de conflictos autodirigido. En este capítulo, consideraremos algunos consejos que pueden ayudarte a resolver pacíficamente las rabietas de los niños pequeños al estilo Montessori.

Manejo de berrinches

Consejo 1: haga que tu hijo sea el centro de atención antes de que comience la rabieta

Los nuevos padres suelen aprender rápidamente a detectar una rabieta próxima. Como un volcán que está deseando entrar en erupción, la ira de la rabieta de un niño tarda un tiempo en acumularse. Pero una vez que su ira estalla, tus esfuerzos por mitigar el evento pueden ser inútiles. Por esta razón, ayuda si puedes tener una rabieta *antes* de que se desborde.

Dado que la rabieta de un niño a menudo es solo una llamada de atención, una forma de apagar su sed es simplemente colmarlo de atención antes de la rabieta. Por ejemplo, cuando detectes las olas de un berrinche, intenta expresar tu admiración por uno de los rasgos inmediatos de tu hijo. En una voz de alta energía, diga:

¡Dios mío, tienes puesta la camisa verde! ¡Y mira! ¡También tienes puestos tus pantalones y calcetines azules!

Con suerte, el niño recibirá su muestra de afecto y sentirá menos necesidad de exigir su atención a través del mal comportamiento. Si bien es mejor usar esta técnica *antes de la rabieta*, también puede probarla a *mitad de la rabieta*, en un intento de romper la capacidad del niño para entretener las malas emociones evocadas en su mente. Una ráfaga de atención positiva puede confundir estos indicios.

Consejo 2: sugiere una actividad alternativa inmediata

Una redirección alternativa implica volver a centrar la atención del niño en alguna otra actividad en su proximidad. Por ejemplo, si ves que se acerca una rabieta, intenta señalar en cierta dirección y di: "*¡Mira hacia allá!*" Luego, sal en busca de este artículo novedoso. Si puedes lograr que el niño te siga, entonces su ira puede disminuir. El truco radica en la urgencia de la interacción que creas. Quieres que tu hijo crea que esta consulta es más importante que cualquier cosa por la que esté a punto de llorar.

Consejo 3: narrar los sentimientos del niño

Para su niño mayor, puede tratar de citar el ímpetu de su rabieta y narrar la ola de emociones a medida que lo inunda. Por ejemplo, si tu hijo está llorando porque se le cayó un helado, trata de decir:

Oh, puedo ver que se te ha caído el helado y estás muy molesto. Es triste no conseguir helado. ¿Quieres un abrazo?

Nuestro objetivo es asegurarnos de reconocer su dolor y empatizar con él. Puedes probar la misma técnica con niños más pequeños. Pero no necesitas ser tan prolijo en tus intentos de mitigar tus frustraciones. En su lugar, sostenlos suavemente y hazles saber que estás presente para ellos.

Consejo 4: prueba un tiempo fuera en el Rincón de la Paz Montessori

A veces, los niños solo necesitan un momento para relajarse en el tiempo fuera. Una sesión de tiempo fuera eficaz debe ser completamente desestimulante, realizada en un espacio tranquilo con una mínima intervención externa. Cuando tu hijo tenga una rabieta, permanece impasible. No te enojes ni te entristezcas por la situación volátil. Simplemente dile a tu hijo que es hora de calmarse y luego acompáñalo al espacio de tiempo fuera.

En un hogar Montessori, una de las mejores herramientas que una madre puede usar para mantener la paz es un "Rincón de la Paz" (a veces llamado "Mesa de la Paz"). El Rincón de la Paz es un lugar en su hogar en el que tu hijo puede retirarse para recuperarse cuando se siente abrumado. Para los educadores en el hogar, los Rincones de la Paz a menudo se pueden encontrar tallados en la habitación de un niño e incluso pueden funcionar como su rincón de lectura. El área debe ser suave y alejada de distracciones externas, iluminación intensa, dispositivos electrónicos y ventanas. Los Rincones de Paz a veces están equipados con:

- Bolsas de frijol.
- Pelotas antiestrés.
- Flores.
- Libros de imágenes.
- O incluso un mini kit Zen Garden (es decir, un rastrillo y un cajón de arena).

Los padres comúnmente colocan relojes de arena en sus Rincones de Paz para indicar la cantidad de tiempo que el niño debe permanecer en esta área. Cuando se acaba el tiempo, el niño puede volver a interactuar con la clase o continuar con la siguiente actividad programada.

Escenarios comunes de crisis

Cada niño tiene un punto de ebullición diferente. Cuando interactúes con tus hijos, trata de ser consciente de los eventos y situaciones únicos que desencadenan sus arrebatos emocionales. A continuación, enumeramos algunos escenarios que podrían *irritar la ira* de tus hijos. Y te damos algunos consejos útiles sobre cómo puedes llegar a manejar mejor estas situaciones.

Escenario 1: me dicen qué hacer

Los niños pequeños están desarrollando su propio sentido de independencia. Una de las formas más comunes en las que ponen a prueba los límites del "yo" es a través del *desafío*. Para obtener menos desafío, intenta enmarcar tus solicitudes como una pregunta.

En lugar de decir: *"Siéntate a la mesa y concéntrate"*, podrías intentar algo más parecido a:

> ¿Qué actividad te apetece hacer ahora mismo? ¿El rompecabezas o el juego de letras?

Cuando le das a tu hijo una opción (sin dejar de dirigirlo hacia una acción deseable), puedes enfocar su mente en la decisión en sí e introducir cierto grado de autonomía en el proceso. Por lo tanto, haciéndolos menos inclinados a albergar pensamientos desafiantes.

Escenario 2: vestirse por la mañana

Vestir y preparar a los niños por la mañana puede ser fuente de mucha angustia para las nuevas madres. Los niños con ojos borrosos pueden sentirse abrumados por el frenesí de la mañana, especialmente cuando hay muchas opciones de ropa ante ellos. Por lo tanto, intenta dirigir sus acciones durante las horas punta de la mañana preguntándoles:

> ¿Quieres ponerte la camiseta roja o la camiseta azul hoy?

De esta manera, el niño puede comenzar a tomar decisiones y experimentar cierta apariencia de control. Si el niño muestra iniciativa y quiere vestirse solo, anímalo a intentarlo. Si está vacilando en su confianza, pregúntale:

> ¿Te gustaría ponerte los pantalones tú mismo o necesitas ayuda?

A menudo, un niño pequeño solo puede ponerse con éxito la mitad de su ropa. Por ejemplo, podría tener problemas para meter el talón en el calcetín. Pero podría estar bien tirando del calcetín. En tal caso, trata de encontrar a tu hijo a mitad de camino. Tira de su calcetín alrededor de su talón para comenzar el proceso. Luego, ve si puede completar el resto de la maniobra por sí mismo. A menudo, la resistencia que los niños tienen para comenzar un nuevo curso de acción se puede mitigar si simplemente observan a mamá poner en marcha el proceso.

Escenario 3: cepillarse los dientes

Muchos niños odian absolutamente cepillarse los dientes. Tales situaciones pueden ser tediosas para los padres porque es difícil para los jóvenes entender por qué deben participar en actividades en las que no ven ningún valor inmediato. Para que los niños se aclimaten a los rigores de la higiene dental, trata el cepillado como lo más rutinario posible. Algunas madres incluso comienzan este ritual cuando aparece el primer diente de leche. Incluso podrían intentar hacerlo divertido agregando temporizadores visuales o cantando canciones durante el proceso. Una vez que los niños comiencen a desarrollar su coordinación y habilidades motoras, bríndales la oportunidad de manejar el cepillo por sí mismos. Después de que terminen, puedes tomar el cepillo y repasar sus dientes una vez más. Cuando tus hijos estén molestos durante el proceso, reconoce sus sentimientos y anímalos con afirmaciones como:

Sé que esto es incómodo. Pero solo quiero que estés saludable.

Estas garantías pueden ayudar a que el niño acepte que cepillarse los dientes es un inconveniente obligatorio en la vida.

Escenario 4: política de patio de recreo

Por mucho que intentes enseñar buenos modelos para la resolución de conflictos, los niños a menudo olvidan las lecciones aprendidas tan pronto como están en el "mundo real". En el patio de recreo, los niños ofendidos tienden a correr hacia un adulto cuando el conflicto se intensifica. A menudo, un niño que involucra a un adulto en un conflicto recibe atención inmediata. Esto puede inadvertidamente hacer que el niño infiera que:

creando drama = atención para mí

Tal inferencia solo podría servir para reforzar los comportamientos antisociales. Entonces, para evitar este resultado, ten en cuenta por qué tu hijo intenta que intervengas en una situación. Cuando tu hijo se te acerque para pedirte que resuelvas un conflicto, primero pregúntale si ha tratado de resolverlo con la parte infractora. La mayoría de las veces no lo han hecho, por supuesto. Simplemente se alejaron de la situación llorando. Es posible que los niños más pequeños aún no posean los medios lingüísticos para participar en una mediación con tacto. Pero, cuando sea posible, intenta que el niño idee sus propias estrategias para la resolución de conflictos. Incluso si aún necesitas intervenir, al menos podemos hacer que el niño se ponga en marcha, incitándolo a considerar formas de reconciliación que no impliquen lágrimas, rabietas o mamá.

Escenario 5: salir de casa

Sacar a los niños pequeños de la casa puede ser una lucha, especialmente si el evento al que asiste no es un evento diario o semanal. A los niños no les gustan los cambios en su rutina y pueden estar confundidos en cuanto a por qué los estás sacando de la casa a toda prisa durante su tiempo de juego.

Para prepararse para esta situación, notifica a tau hijo cuando se acerque la hora de salida. Recuérdale que:

Nos vamos en veinte minutos. ¿Necesitas que te ayude a ponerte los zapatos?

Evita las transiciones abruptas y avisa a tus hijos de la fecha límite que se avecina para que puedan prepararse mentalmente para el viaje. Puedes tratar de capitalizar el deseo de los niños pequeños de ayudar al darles una tarea para realizar (por ejemplo, pueden llevar su bolsa roja de gimnasia al automóvil). Incluso si no necesitará su bolsa de deporte en el destino, el mero hecho de poner la bolsa de deporte en el automóvil (cada vez que se vaya) invocará sentimientos de familiaridad dentro del niño y lo ayudará a participar en un estado mental de "viaje en automóvil".

Pero incluso con la mejor de las rutinas, a veces los niños simplemente no quieren salir de la casa y los rumores de una rabieta pueden comenzar a surgir. En tales casos, puede ser tentador simplemente apresurar a tu hijo a salir, especialmente si llegas tarde. Pero tómate un momento para ponerte a la altura de los ojos de tu hijo y reconoce sus sentimientos de incomodidad y frustración. El mero acto de validar sus sentimientos puede reducir sus emociones a medida que lo conduces a través del proceso de partida.

Escenario 6: abandonar un lugar público divertido

Si bien sacar a los niños de la casa implica una serie de problemas, hacer que los niños regresen al automóvil familiar puede ser un enigma completamente nuevo. Cuando tus hijos se divierten, que les digan que es "hora de irse" puede provocar un colapso emocional. Puede mitigar el impacto emocional de la partida proporcionando advertencias de diez y cinco minutos a tus hijos. O utiliza algún otro método para hacer saber que existe una restricción de tiempo en su actividad. Di algo como:

Bien, puedes bajar por el tobogán tres veces más, pero luego tenemos que irnos.

Sin embargo, incluso con tales advertencias, a muchos niños les resultará difícil dejar de lado una experiencia divertida. En tal circunstancia, trata de empatizar con el niño y di algo como:

Sé que lo estás pasando bien aquí y no quieres dejar de jugar. Pero tenemos que ir a casa y cenar ahora. Podemos encontrar algo divertido en casa para que hagas después de la cena.

Los niños pequeños pueden tener problemas para entender que la terminación de la *diversión* en el momento no significa necesariamente que *toda la diversión* terminará para la eternidad. Recordarle al niño que algún tipo de escenario divertido puede reanudarse más adelante podría ayudar a facilitar la transición.

Mediación de Conflictos

Compartir es demostrar interés. Pero verse obligado a compartir puede causar conflictos entre hermanos. Para desarrollar un sentido de los límites individuales, los niños Montessori no están obligados a compartir en todo momento, especialmente cuando están involucrados de forma independiente con un material específico. En su lugar, se les anima a tomar turnos. Sin embargo, si un niño parece insistente en recuperar un material o juguete en particular de otro niño, entonces debemos establecer un límite firme (pero que lo valide emocionalmente) y ofrecerle una alternativa al niño con las manos vacías. Puedes decir algo como:

Veo que realmente quieres el juguete, pero tienes que esperar hasta que Taylor termine con él. ¿Qué tal si encontramos algo más que hacer mientras tanto?

Es muy importante validar emocionalmente los deseos de tu pequeño, incluso si su pedido no se puede cumplir. Dado que los berrinches de gritos suelen ser solo intentos de ser escuchados, un simple reconocimiento del dolor del niño puede proporcionar el margen de maniobra por el cual puede redirigir sus energías a una actividad alternativa en el aula. Pero si las intenciones originales del niño persisten, es posible que lo atrapes intentando arrebatar el juguete por segunda vez. En este caso, podrías intentar decir algo como:

Oh, parece que Taylor estaba usando eso. Voy a ayudarte a devolvérselo. Y te encontraremos un juguete diferente con el que jugar.

De esta manera, le das al niño la oportunidad de corregir su comportamiento mientras sigues afirmando el límite de que "los juguetes no se pueden tomar a voluntad". Si el niño se niega a devolver el juguete, es importante reconocer lo molesto que está. Di algo como:

Veo que tienes problemas para devolver el juguete. Sé que es molesto. Te ayudaré a devolverlo y luego te encontraré un juguete diferente para jugar.

Luego, retira suavemente el juguete de las manos del niño. No lo arrebates ni lo agarres, ya que esto socavaría el espíritu de cortesía que estás tratando de transmitir. Como padre, puedes facilitar los pasos hacia la resolución de conflictos actuando como *mediador* en las disputas de tus hijos, no como participante. Idealmente, deseas que tus hijos aprendan a resolver conflictos por su cuenta. Cuando tus hijos requieran que medies, trata de no tomar partido. Incluso si hay que tomar un lado, por lo general es mejor practicar la crianza de los hijos desde una posición de terreno neutral.

Para los niños mayores (con una mejor comprensión del lenguaje), puedes tratar de discutir las posibles soluciones en la Mesa de la Paz. El escenario podría ser algo como esto:

- Comienza reuniendo a las dos partes ofendidas y llévalas a la mesa por un momento.
- Pide a cada niño que describa el conflicto y explica cómo los hizo sentir.
- Luego, pide a cada niño que describa el escenario desde los ojos del otro.
- Una vez que ambas partes demuestren que entienden cómo se siente el otro, pregúntales si pueden encontrar una solución a sus problemas. Siéntete libre de proporcionar algunas posibles soluciones si los niños todavía están inmersos en sus emociones.

A pesar de sus habilidades en la mediación de conflictos, la tranquilidad entre hermanos generalmente se logra mejor cuando la relación entre *esposo y esposa* ya está en paz. Todas tus habilidades de resolución de conflictos serán inútiles si tus hijos son testigos frecuentes de que mamá y papá se insultan y tiran platos sobre la mesa de la cocina después de la cena. Será difícil que los niños manifiesten un "comportamiento adulto" si los adultos de la casa se comportan peor que ellos. Por lo tanto, antes de que podamos enseñar a nuestros hijos a ser pacíficos, debemos manifestar la paz dentro de nosotros mismos.

Mantener una conducta perpetuamente calmada puede ser difícil para una madre que está rodeada de un rebaño de niños muy ruidosos y exigentes, especialmente al final del día cuando estás cansada y tu paciencia se está agotando. Para aprovechar mejor esos momentos, es importante que mamá también mantenga su salud personal y sus niveles de energía. Todo el mundo merece un descanso de vez en cuando. No tienes que ser "mamá" a todas horas de la semana. Al redactar tu programa diario, trata de reservar algo de tiempo para ti. Trabaja con tu cónyuge para planificar una ventana en la que no estés tan en deuda con las muchas demandas de tus hijos.

La resolución de conflictos y el manejo de la ira son dos de los aspectos más agotadores y difíciles de la paternidad. Nadie lo hace bien cada vez. Se amable contigo misma. Incluso con la mejor metodología psicológica a tu disposición, los estallidos emocionales son un resultado inevitable de la experiencia humana. A medida que tus hijos crecen, deben aprender a enfrentarse a las antiguas perturbaciones de la mente emocional. Por supuesto, ésta es una de esas lecciones de vida que nunca terminan. Los desarrollos cotidianos de la empresa de crianza de los niños serán para siempre una fuente ilimitada de nuevos estímulos emocionales. La ira, las penas y las lágrimas de tu hijo pueden generar emociones profundas dentro de ti. Tales experiencias pueden ser abrumadoras. Las mamás también necesitan un tiempo y un lugar para el aislamiento y la serenidad. Tomarse un momento para rejuvenecer periódicamente su fuerza de voluntad te ayudará a mantener la calma durante esos momentos en que todos los demás en tu hogar se ponen nerviosos.

Cap. 9: la decisión de educar en casa al estilo Montessori

"El impulso espontáneo hacia el desarrollo, que está dentro del niño, dicta su propio ritmo. Es parte de un padre sabio y amoroso estar al lado, observar las actividades del pequeño, observar su crecimiento en lugar de tratar de forzarlo".

— Dr. María Montessori

En este libro, presentamos algunos de los principios fundamentales de Montessori que se utilizan para la educación de los niños pequeños en todo el mundo. Pero el hecho de que Montessori haya logrado el reconocimiento mundial no significa necesariamente que sea adecuado para ti. No se puede diseñar un plan de estudios que funcione para todas las familias del mundo. Se deben tener en cuenta muchas variables auxiliares, incluido el modo de vida de la familia, la disposición y las realidades económicas de la vida cotidiana.

En este capítulo, enumeraremos varias preguntas que debes considerar al formular tu decisión de educación en el hogar.

¿La educación en el hogar Montessori es adecuada para mí?

Pregunta 1: ¿tienes suficiente tiempo?

Las mujeres del siglo XXI a menudo no pueden darse el lujo de disponer de una gran cantidad de tiempo libre para dedicarse a la crianza de los hijos. Tanto la madre como el padre pueden tener responsabilidades profesionales externas que los alejan del hogar por períodos prolongados. Si bien es común que uno de los padres se retire de sus aspiraciones profesionales cuando nace el primer hijo, esto no siempre es posible. Por lo tanto, los padres deben evaluar honestamente sus propias consideraciones de programación para determinar si la educación en el hogar encajará en sus vidas.

Pregunta 2: ¿qué tan bien responde su hijo a la instrucción?

Si bien se da el caso de que algunas familias parecen operar con un aire de erudición, otras tienen una disposición tal vez menos libresca. La educación en el hogar Montessori (por definición) tiene lugar en un entorno doméstico estático. Pero no todos los niños tienen el temperamento para sobresalir en un entorno tan enclaustrado. Algunos niños simplemente responderán mejor a una figura de autoridad adjunta que brinde instrucción fuera del hogar.

Los niños varones agresivos (en particular) pueden prosperar en un ambiente rico en energía masculina e instrucción poco comprensiva, un comportamiento que algunas madres que educan en el hogar tienen problemas para conjurar. A muchos padres simplemente no les gusta "ser el malo". Pero algunos niños serán más aptos para corregir su comportamiento cuando se lo indique una fuerza externa inamovible, como un maestro severo o un mentor. Si tiene un niño revoltoso y lleno de energía que prefiere pasar la mayor parte del día saltando en su sofá y golpeando a su hermana, entonces es posible que desee considerar un paradigma educativo *que no sea* la educación en el hogar.

Además, si tú eres la madre de un *niño con necesidades especiales*, entonces es mejor buscar ayuda profesional *antes* de intentar abrirse camino a través de los rigores del Método Montessori. Los niños con problemas graves de atención, problemas de comportamiento, dificultad social o autismo pueden requerir tratamiento psicológico o médico que es mejor que lo brinde un profesional capacitado. Busca ayuda si observas las señales de advertencia típicas, que incluyen:

- Rabietas frecuentes y agresivas.
- Negativa persistente a cumplir con la menor de las solicitudes.
- Comportamiento que tiene la intención de lastimar físicamente a otros niños.
- Crueldad con los animales pequeños.
- Una obsesión con los movimientos o acciones repetitivas del cuerpo.
- Interacciones retraídas y distantes con los hermanos, o una falta general de comunicación y empatía.

Algunos niños requieren mucha más orientación que otros. Es común que las madres de niños con necesidades especiales se consideren "fracasadas" si su hijo requiere ayuda externa. Pero no seas demasiado dura contigo misma. Está bien pedir ayuda si tu carga es demasiado pesada. En última instancia, el bienestar futuro del niño es la única razón por la que la comunidad existe en primer lugar.

Pregunta 3: ¿posees el temperamento adecuado?

No todos los padres nacen con un "corazón de maestro". Ver a algunos padres intentar navegar por el delicado mundo de los niños pequeños puede ser como ver un toro en una tienda de porcelana. Al considerar tu propio potencial con Montessori, trata de ser honesta acerca de su disposición y predilecciones naturales. Si bien muchos de nosotros somos bendecidos con un espíritu cariñoso, el instinto maternal no se despierta tan fácilmente en todos nosotros. Y eso está bien. Recuerda, el objetivo final es proporcionar el mejor entorno educativo para tu hijo. El papel que desempeñes en esta búsqueda no tiene por qué ser necesariamente de tiempo completo.

Pregunta 4: ¿tienes que tomar la decisión de convertirte en madre Montessori ahora?

Para algunas madres enérgicas, es muy fácil dejarse atrapar por la emoción de Montessori. Después de leer un libro como éste, es posible que te sientas inclinada a llenar tu hogar con miles de dólares en materiales, actividades y muebles Montessori. Verdaderamente estos artículos tienen un lugar. Pero no es necesario que te conviertas en una devota Montessori de la noche a la mañana. En su lugar, mantén el ritmo. Preséntate al método gradualmente y adopta un enfoque ligero en tus intentos iniciales de instrucción Montessori. Si tu conversión a Montessori es demasiado ambiciosa, simplemente podrías terminar abrumando a tu hijo y confundiendo a tu familia.

Está bien tomar las cosas con calma. Incorpora la metodología a tu vida a un ritmo que funcione para ti. Comienza con actividades simples y desarrolla desafíos más complejos. Busca la chispa de curiosidad dentro de tu hijo. Y, cuando la veas, usa esa chispa para encender las fuerzas de la motivación intrínseca dentro de él. Dirige su atención a los materiales Montessori con la capacidad de entretener y educar. Cuando llega un momento en el que parece que tanto tú como tu hijo lo están "entendiendo", esto podría ser una indicación de que Montessori es adecuado para ti.

Pregunta 5: ¿qué pasa si mi cónyuge no está de acuerdo con el nuevo paradigma de educación en el hogar?

La educación en el hogar requiere que al menos uno de los padres esté con los niños durante largos períodos de tiempo. Dado que tantas familias nuevas ahora dependen de ingresos duales, la educación en el hogar podría no ser económicamente factible para su situación de vida. Si mamá o papá se quedan en casa con los niños, eso generalmente significa que la casa debe funcionar sin un solo cheque de pago. Dada la versatilidad de nuestra era digital, algunas madres han logrado encontrar con éxito oportunidades de trabajo en el hogar en las que pueden obtener un segundo ingreso mientras están cerca de sus hijos. Pero, cuando los niños pequeños están en la mezcla, es muy difícil para la mayoría de nosotros hacer mucho trabajo extracurricular. Incluso los niños Montessori aún requieren atención y aportes constantes. Y si abundan las distracciones por correo electrónico, la dinámica de su salón de clases en casa se verá afectada.

Las familias que educan en el hogar suelen ser más productivas cuando al menos uno de los padres tiene la libertad de dedicar la mayor parte del día a cuidar a los niños y el hogar. La energía requerida para cumplir con estos dos trabajos puede ser igual a la de cinco carreras en la América corporativa. Es una obligación física y mentalmente exigente. Por esta razón, es muy importante que tu cónyuge esté tan comprometido con la educación en el hogar como tú. Como es el caso con cualquier gran decisión matrimonial, ambas partes deben abordar el desafío como un equipo. Y si el compromiso de un miembro del equipo flaquea, la animosidad se acumula, pronto le sigue la ira y la empresa de educación en el hogar estará en peligro. Para evitar esto, asegúrate de que tu cónyuge esté muy consciente de la cantidad de trabajo que se requerirá para enseñar a tus hijos en casa. Debes ser consciente del grado de trabajo que se debe realizar para ejecutar los planes de lecciones y guiar a los niños entre actividades. Si no logras involucrar a tu cónyuge en el proceso, o si él se opone rotundamente al cambio, entonces la educación convencional podría ser una alternativa más aceptable. Es mejor criar a tus hijos a través de la educación convencional que hacerlos crecer en un hogar roto ocupado por dos padres que no están de acuerdo sobre la forma correcta de criar a los niños.

¿Debo contratar a un consultor Montessori interno?

En muchas ciudades, los proveedores locales de servicios Montessori ofrecen consultas en el hogar o programas de tutoría para nuevas madres. Los servicios que brindan varían enormemente, desde una introducción a la teoría Montessori y la psicología infantil, hasta la planificación de habitaciones y el diseño de interiores. Dichos proveedores de servicios pueden ayudarte a iniciarte en el mundo de Montessori. Pero encontrar el mentor adecuado puede ser complicado.

La *Asociación Montessori Internationale* (o AMI), con sede en los Países Bajos, fue fundada por la propia Dra. Montessori en 1929 con el propósito de desarrollar aún más su pedagogía y hacerla disponible en todo el mundo. En 1958, el hijo de la Dra. Montessori, Mario, nombró a la educadora estadounidense Nancy Rambusch para traer Montessori a los Estados Unidos. Esto resultó en la *Sociedad Americana Montessori* (o AMS). Ambas instituciones siguen prosperando y operan de manera autónoma en muchos países. Dados los puntos en común de su historia, a menudo se encuentran los dos acrónimos enumerados juntos; los proveedores de servicios pueden afirmar que están certificados por AMI o AMS. Al seleccionar un consultor Montessori, puede ser beneficioso preguntar si tiene tales credenciales. Sin embargo, la utilidad de esta certificación dependerá en gran medida de sus objetivos personales.

Un profesional con una credencial de AMS puede haber recibido uno o dos años de instrucción en un programa de formación docente Montessori. Además, suelen tener una formación complementaria en psicología o educación infantil. Por lo tanto, contratarlos para una consultoría individual puede ser costoso o académicamente intensivo. Por otro lado, algunos proveedores de servicios pueden no estar completamente acreditados y aun así pueden ser igualmente beneficiosos para una nueva madre. Tu preescolar Montessori local puede tener un programa en el que el personal en el lugar esté disponible para hacer visitas a domicilio y brindar asesoramiento sobre el plan de estudios Montessori, la selección de materiales Montessori e incluso sobre el diseño de su salón de clases Montessori en el hogar. Tal curso acelerado puede ser todo lo que necesita para comenzar.

Lo más importante es que tengas *una* idea del valor que esperas obtener de tu interacción con un consultor Montessori *antes* de intentar contratar uno. Para tener una idea de los tipos de personalidades y servicios que se ofrecen, lo mejor es asistir a un taller Montessori local y relacionarse con madres Montessori que hayan utilizado tales servicios en el pasado.

¿Debo inscribir a mi hijo en una escuela Montessori local?

Si bien el enfoque principal de este libro es la educación en el hogar, es cierto que ningún niño está en casa el 100% del tiempo. Las circunstancias pueden llevarte a considerar inscribir a tu hijo en una escuela Montessori local durante una parte de la semana laboral. Dada la creciente popularidad del sistema Montessori, es probable que ya exista una escuela Montessori en tu vecindario. Sin embargo, como se mencionó en el Capítulo 1, María Montessori no registró su nombre como marca registrada. Por lo tanto, no todas las escuelas que llevan su apellido necesariamente pueden llamarse "escuela Montessori". Dado que no existe un único protocolo establecido que deba cumplir cada instalación Montessori, es probable que descubras una amplia gama de instalaciones con enfoques divergentes para la educación infantil.

En esta sección, nos tomaremos un momento para describir las diferencias entre una escuela Montessori y una guardería convencional. Y enumeraremos algunas preguntas que debe hacerse cuando busques una buena escuela Montessori en tu área.

Pregunta 1: ¿la metodología de la escuela está orientada al individuo o al grupo?

En una guardería convencional, los niños suelen participar en actividades organizadas en grupo y tienen la tarea de realizar ejercicios en un período de tiempo determinado. Por lo general, existe un enfoque único para la educación en el que a los niños no se les permite elegir en qué actividad les gustaría participar. Como resultado, algunos de los niños nunca desarrollan interés en la actividad actual, mientras que otros no se tomen el tiempo para entenderlo completamente. Y aún otros terminan la tarea tan rápido que no tienen nada que hacer durante el tiempo restante asignado. Además, el tiempo de juego en una guardería convencional a menudo carece de contenido académico.

Cuando se trata de aulas Montessori, hay un método subyacente a la locura de la educación de los niños pequeños. El enfoque Montessori se enfoca en el *individuo* más que en el grupo. Debido a que los niños a menudo son libres de seleccionar el material con el que les gustaría trabajar, se fomenta el comportamiento autodidacta. Los niños tienen la oportunidad de explorar completamente las actividades individuales al contenido de su corazón. Y se les permite cambiar de actividad a voluntad. Si la instalación que está considerando no parece estar orientada a promover tales comportamientos, entonces probablemente no cumpla con Montessori.

Pregunta 2: ¿la escuela brinda una "experiencia práctica"?

Una escuela Montessori debe estar llena de experiencias táctiles y preparada para involucrar al niño a través de cada uno de sus sentidos. La experiencia de aprendizaje Montessori es una "experiencia práctica". Los niños aprenden haciendo. Una de las primeras cosas para tener en cuenta al ingresar a un nuevo salón de clases es la cantidad de materiales Montessori de calidad que se ofrecen a los niños. Mira alrededor de la habitación.

- ¿Ves una variedad de materiales Montessori atractivos y ordenados, cada uno colocado cuidadosamente a intervalos regulares a lo largo de los estantes y esperando a ser explorados?
- ¿O la escuela simplemente cuenta con un "área de juego" en la que una mezcla heterogénea de juguetes se apila hasta el techo formando torres desordenadas de caos colorido?

Tómate un momento para observar los métodos por los cuales los niños interactúan con los materiales. Pronto podrás determinar si la escuela está funcionando de acuerdo con los principios discutidos en este libro o no.

Figura 19: esta imagen muestra un aula Montessori animada con varios niños trabajando en áreas de trabajo individuales.

Pregunta 3: ¿la escuela enseña de manera diferente a niños y niñas?

Los niños y las niñas son diferentes en muchos aspectos, incluida la forma en que se acercan a la academia. Pero el programa Montessori es neutral en cuanto al género. No divide a los niños en simplemente "niños y niñas". Los juguetes no están pintados de rosa para las niñas y de azul para los niños. En cambio, el método Montessori intenta abordar las facultades de cada estudiante individualmente. Todos observamos diferencia promedio entre los sexos; los niños pueden ser propensos al juego físico y las niñas pueden ser más prolijas. Pero, en Montessori, esta diversidad no impacta negativamente en nuestras metas. No se requiere que los niños pequeños Montessori se queden quietos y escuchen a un maestro durante ocho horas en un salón de clases. En cambio, se les pide que participen activamente en su propio proceso de aprendizaje colaborativo. Las fortalezas personales de cada niño se amplifican, ya que el método requiere que el personal adapte la instrucción a las predilecciones de cada niño en particular.

Pregunta 4: ¿cómo maneja la escuela la disciplina?

La disciplina en una guardería convencional es siempre un punto de discusión. Cuando un niño hace algo malo en la guardería, a menudo se le sanciona de alguna manera. Se les pueden quitar sus juguetes, se les puede poner en un tiempo fuera, o se utiliza alguna otra forma de castigo para infundir aburrimiento o miedo. Pero un salón de clases Montessori no depende de esta forma de disciplina. En cambio, intenta expresar las razones que llevaron al comportamiento y explora las motivaciones internas del niño perturbado. Los instructores Montessori le piden al niño que presente una razón de por qué su curso de acción particular fue malo y por qué no debería volver a suceder. Además, a los niños se les enseña a usar sus palabras y expresar sus necesidades o preocupaciones cuando sea apropiado.

Pregunta 5: ¿a qué señales de alerta deberías estar atento?

Incluso si tu centro Montessori local está certificado por AMS o AMI, esto no significa que tu búsqueda haya terminado. En su lugar, tómate el tiempo para visitar la escuela y evaluar sus características auxiliares como la ubicación, la cultura, la higiene y el nivel educativo del personal. Un buen centro debe estar dispuesto a permitir que los padres se sienten en silencio y observen durante un rato. Está atento a:

- Una atmósfera desordenada y caótica.
- Profesores poco acogedores.
- Niños molestos.
- Padres molestos.
- Falta de materiales o recursos didácticos disponibles.
- Juguetes que estimulan demasiado o que estimulan poco.
- Juegos sin contenido educativo.
- Un personal distraído (mirando sus teléfonos celulares).
- O niños siendo conducidos como soldados.

En última instancia, el principal objetivo de una guardería convencional es simplemente mantener a los niños seguros y ocupados hasta que sus padres los recuperen. Pero una verdadera instalación Montessori debería proporcionar una experiencia de expansión mental para los niños, una diseñada para nutrir su desarrollo personal e inspirarlos a participar en más actividades académicas autodirigidas.

Conclusión

"Verdaderamente, hoy existe una necesidad urgente de reformar los métodos de instrucción y educación, y quien aspira a tal renovación está luchando por la regeneración de la humanidad".

— Dr. María Montessori

En 1907, la Dra. María Montessori abrió su primera escuela. Un aula de una sola habitación ubicada en medio de un complejo de apartamentos italiano para familias de bajos ingresos. A partir de estos humildes comienzos, su nueva "pedagogía científica" (como ella la llamó) comenzó a tomar forma. En el siglo siguiente, el Método Montessori se extendió por todo el mundo. Las escuelas que llevan su nombre ahora se encuentran en 110 de los 193 países del mundo.

Durante generaciones, la sabiduría prevaleciente dictaba que los niños pequeños no poseían la capacidad de crecimiento intelectual. Y, por lo tanto, deben ser "vistos y no oídos". Pero la Dra. Montessori descubrió que incluso los niños más pequeños tenían un potencial no realizado para participar en el aprendizaje autodirigido. Así como las plantas echan raíces fácilmente cuando se colocan en un suelo enriquecido, los niños florecerán cuando se les permita interactuar de forma autónoma en un "ambiente preparado", la zona en la que los niños son libres de explorar su mundo a través de la interacción física con materiales educativos.

Es el trabajo de la madre asegurarse de que este entorno esté preparado para el niño. En lugar de actuar como disciplinaria o instructora de ejercicios, su papel es más parecido al de una *guía*. Ella solo puede ayudar a iluminar los muchos caminos posibles que se encuentran ante el niño. Pero depende del niño elegir qué camino emprender. Al niño se le otorga la libertad de desarrollar su verdadero potencial en un contexto de estructura, rutina, autodisciplina y amor.

Las devotas madres Montessori comienzan *El Método* cuando sus hijos son pequeños, a menudo *mucho* más jóvenes que los niños de un jardín de infancia convencional o una clase preescolar. El cerebro de un niño en desarrollo se encuentra en un período crítico: la delicada etapa de maduración en la vida de un mamífero en la que su sistema nervioso es muy sensible a los estímulos ambientales. Durante los primeros seis años del niño, su cerebro actúa como una esponja de mar; absorbe cada gota de entrada y altera su composición para ajustarse a los contornos de la realidad en la que se encuentra. Las redes neuronales que se construyen en este marco de tiempo formarán un tapiz complejo. Cada hilo estará conectado a un entramado de recuerdos y emociones que aumentarán la forma en que construye un modelo del mundo. Este modelo se quedará con ella durante toda su vida. Su eficacia estará modulada por las experiencias (buenas o malas) que haya ido acumulando desde el momento en que abrió los ojos y respiró por primera vez.

En 1949, la Dra. María Montessori escribió:

> **El niño es a la vez una esperanza y una promesa para la humanidad.**

La vida que construyas para tu hijo y las experiencias que le brindes lo lanzarán en una trayectoria que lo impulsará a la edad adulta. Cuando se les hace conscientes de la importancia de la crianza de los niños, las nuevas madres Montessori a menudo se asombran por la tremenda responsabilidad que se les ha puesto sobre los hombros. Esto es especialmente cierto si la madre no tiene experiencia en educación, psicología infantil o desarrollo curricular.

Es natural sentir aprensión por los desafíos que se avecinan. Pero no dejes que el tamaño de la montaña te impida escalar. Como dice el proverbio chino:

> **Un viaje de mil millas comienza con un solo paso.**

Toma las cosas un día a la vez. Aborda cada obstáculo a medida que aparezca a la vista. Confía en tus instintos. Nadie se convierte en un maestro Montessori de la noche a la mañana. En cambio, tu objetivo inicial debe ser familiarizarte con *El Método* y prepararte en consecuencia para cada uno de los próximos hitos del desarrollo de tu hijo. A medida que su mente evoluciona, también lo hará la tuya. Tu conocimiento de Montessori se ampliará para satisfacer las necesidades cada vez mayores de tu hijo.

Como es el caso cuando se aprende cualquier nuevo conjunto de habilidades, todo se vuelve más fácil con la práctica. Con el tiempo, cuando veas que los frutos del Método Montessori empiezan a madurar, sus principios eventualmente se volverán instintivos para ti.

Puedes hacerlo.

La maravillosa cacofonía que es la "vida familiar" invita a todas las madres a convertirse en músicos de jazz. Sabe improvisar y adaptarse. Ella es la directora que se asegura de que la banda siga tocando en armonía, incluso en las partes más difíciles de la canción. Durante esos momentos tediosos (cuando tus nervios están desgastados y nada parece estar funcionando), cierra los ojos por un momento y recuerda que los días de la niñez son pocos.

Tus hijos *crecerán*.

Tus crías se convertirán en polluelos. Extenderán sus alas y dejarán el nido acolchado que tanto tiempo cuidaste. Conseguirán trabajos, se mudarán por todo el país e irán a la universidad. Cuando llegue el momento de su partida, sus planes de lecciones ya no serán necesarios. Tus pequeñas mesas y sillas serán donadas a la nueva familia de la calle. Y tu trabajo como madre Montessori estará hecho.

Algún día cercano, caminarás por los pasillos de tu casa, y te sorprenderá el sonido del silencio. Ya no oirás más el repiqueteo de los pies de los niños, ni sus chillidos de risa, ni sus lamentos llorosos. En cambio, solo los ecos de recuerdos lejanos rebotarán entre tus paredes. Tal vez rompa la puerta de una "habitación de invitados" que una vez sirvió como dormitorio de tu hija. Puedes asomarte y beber del éter de los recuerdos que inundan tu conciencia. La habitación aún podría contener algunas de sus cosas.

- Sus libros de cuentos podrían permanecer cerrados en una estantería olvidada.
- Sus muñecas pueden mirarte a través de las ventanas de una casa de muñecas abandonada.
- Es posible que su osito de peluche todavía esté encima de su cama, frío y solitario ahora, sin nadie a quien abrazar.

La educación en el hogar será el trabajo más difícil que jamás amarás. Los padres que aceptan este desafío a menudo lo hacen porque quieren experimentar el mundo *con* sus hijos (mientras *aún* son niños). Los padres que educan en el hogar quieren estar allí para presenciar la mirada de asombro en los ojos de su hijo cuando pasa las páginas del primer capítulo de su vida. El facetime que intercambias con tu hijo durante tales episodios estrecha el vínculo parental y permite la transmisión de las sutilezas inefables del discurso. Dichos comunicados no pueden ser delegados; solo pueden transmitirse a través de nuestra presencia y nuestro tacto.

Es un privilegio contemplar milagros como éstos.

Es un privilegio ser testigo de la gran metamorfosis que es el desarrollo humano y sostener la mano de tu hijo mientras se le presenta nuestro mundo complejo, difícil, lamentable, enigmático, valiente y maravilloso.

Atesora estos preciosos momentos.

Atesora estas vidas jóvenes.

En Memoria de la Dra. María Montessori.
(1870 - 1952)

¿Te gustó el libro?

Gracias por llegar al final de mi libro. Realmente espero que lo hayas disfrutado. Si es así, considera escribir una breve reseña del libro en Amazon. Para un autor independiente como yo, las reseñas de libros significan *todo*, y yo personalmente leo cada una.

Entonces, ¡dime lo que piensas!

Espero escuchar de ti.

Gracias de nuevo,

Serena.

Made in the USA
Monee, IL
04 January 2024